O milagre da atenção plena

Dados Internacionais de Catalogação na Publicação (CIP)
(Câmara Brasileira do Livro, SP, Brasil)

Nhat Hanh, Thich
  O milagre da atenção plena : uma introdução à prática da meditação / Thich Nhat Hanh ; tradução para o inglês por Mobi Ho ; tradução para o português por Maria Goretti Rocha de Oliveira. – Petrópolis, RJ : Vozes, 2018.

  Título original : The miracle of mindfulness : an introduction to the practice of meditation.

  6ª reimpressão, 2025.

  ISBN 978-85-326-5855-5

  1. Meditação – Budismo 2. Meditações budistas I. Título.

18-17981   CDD-294.34435

Índices para catálogo sistemático:
1. Meditação : Budismo   294.34435
Cibele Maria Dias – Bibliotecária – CRB-8/9427

O milagre da atenção plena

Uma introdução à prática da meditação

THICH NHAT HANH

Tradução para o inglês por
Mobi Ho

Tradução para o português por
Maria Goretti Rocha de Oliveira

EDITORA VOZES

Petrópolis

© 1975, 1976 by Thich Nhat Hanh
Prefácio e tradução inglesa © 1975,
1976, 1987 by Mobi Ho Posfácio © 1976,
2016 by Jim Forestyear (da edição original
nos Estados Unidos) by Thich Nhat Hanh.

Tradução do original em inglês intitulado
*The Miracle of Mindfulness – An
Introduction to the Practice of Meditation.*

Edição atualizada da obra anteriormente
publicada sob o título
*"Para viver em paz – O milagre da
mente alerta".*

Direitos de publicação em língua
portuguesa – Brasil:
1985, 2018, Editora Vozes Ltda.
Rua Frei Luís, 100
25689-900 Petrópolis, RJ
www.vozes.com.br
Brasil

Todos os direitos reservados. Nenhuma
parte desta obra poderá ser reproduzida
ou transmitida por qualquer forma e/ou
quaisquer meios (eletrônico ou mecânico,
incluindo fotocópia e gravação) ou
arquivada em qualquer sistema ou banco
de dados sem permissão escrita da editora.

Conselho editorial

Diretor
Volney J. Berkenbrock

Editores
Aline dos Santos Carneiro
Edrian Josué Pasini
Marilac Loraine Oleniki
Welder Lancieri Marchini

Conselheiros
Elói Dionísio Piva
Francisco Morás
Ludovico Garmus
Teobaldo Heidemann
Thiago Alexandre Hayakawa

Secretário executivo
Leonardo A.R.T. dos Santos

Produção editorial

Anna Catharina Miranda
Eric Parrot
Jailson Scota
Marcelo Telles
Mirela de Oliveira
Natália França
Priscilla A.F. Alves
Rafael de Oliveira
Samuel Rezende
Verônica M. Guedes

Editoração: Flávia Peixoto
Diagramação: Sheilandre Desenv. Gráfico
Revisão gráfica: Nilton Braz da Rocha | Nilvaldo S. Menezes
Capa: Érico Lebedenco (Adaptação da capa original
em inglês da editora Beacon Press, Boston).

ISBN 978-85-326-5855-5 (Brasil)
ISBN 978-0-8070-6490-0 (Estados Unidos)

Este livro foi composto e impresso pela Editora Vozes Ltda.

SUMÁRIO

Prefácio do tradutor, 7

1 A disciplina essencial, 17

2 O milagre é andar sobre a Terra, 27

3 Um dia em atenção plena, 45

4 O seixo, 53

5 Um é tudo, tudo é um: os cinco agregados, 67

6 A amendoeira em seu jardim, 77

7 Três respostas incríveis, 93

Exercícios de atenção plena, 103

Nhat Hanh: ver com olhos compassivos, 127
James Forest

Seleção de Sutras budistas, 135
   • Os Quatro Sustentáculos da Atenção Plena, 137
   • A consciência plena da respiração Anãpãnasati
     Sutta, 150

- Contemplação do pensamento, 161
- A perfeição da sabedoria, 166
- A sabedoria que nos leva à outra margem, 168

Cronologia da vida de Thich Nhat Hanh, 171

PREFÁCIO DO TRADUTOR

O milagre da atenção plena foi escrito originalmente em vietnamita, no ano de 1974, como uma longa carta ao Irmão Quang, que era membro da equipe da Escola da Juventude para o Serviço Social, no sul do Vietnã. O seu autor, o monge budista Thich Nhat Hanh, havia fundado a Escola na década de 1960 como uma expansão natural do "budismo engajado". A escola atraía jovens realmente comprometidos com ações de espírito compassivo. Após a formatura, os alunos usavam o treinamento recebido para responder às necessidades dos camponeses aprisionados na turbulência da guerra. Eles ajudavam na reconstrução de vilarejos bombardeados, no ensino das crianças, no estabelecimento de centros médicos, e na organização de cooperativas agrícolas.

Os métodos de reconciliação desses trabalhadores eram geralmente incompreendidos num ambiente cheio de medo e desconfiança gerados pela guerra. Eles se recusavam veementemente a apoiar qualquer partido armado e acreditavam que ambos os lados eram apenas reflexos de uma realidade, e que os verdadeiros inimigos não eram pessoas, mas sim a ideologia, o ódio e a ignorância.

A postura deles era vista como ameaçadora pelos que estavam envolvidos no conflito, e nos primeiros anos da Escola houve uma série de ataques contra seus alunos. Muitos foram sequestrados e assassinados. À medida que a guerra se prolongava, mesmo depois de terem sido assinados, em 1973, os Acordos de Paz de Paris, parecia impossível, às vezes, não sucumbir à exaustão e à amargura. Continuar trabalhando num espírito compreensivo e amoroso exigia grande coragem.

Do exílio na França, Thich Nhat Hanh escreveu ao Irmão Quang com o intuito de encorajar os trabalhadores durante este tempo obscuro. *Thay* Nhat Hanh ["Thay" é a forma de se dirigir aos monges vietnamitas, e significa professor] queria lembrá-los da disciplina essencial de seguir a respiração para nutrir e manter uma calma atenção, mesmo no meio das circunstâncias mais difíceis. Como o Irmão Quang e os alunos eram colegas e amigos dele, o espírito dessa longa carta, que se transformou no *Milagre da atenção plena*, é pessoal e direto. Quando Thay fala aqui dos caminhos da aldeia, ele fala de caminhos por onde ele realmente andava com o Irmão Quang. Quando menciona os olhos brilhantes de uma criança pequena, ele está se referindo ao nome do próprio filho do Irmão Quang.

Eu morava em Paris, como voluntário americano na Delegação de Paz Budista Vietnamita, na ocasião em que Thay escrevia esta carta. Thay liderava a delegação, que servia de escritório de conexão no exterior aos esforços de paz e reconstrução dos budistas vietnamitas, inclusive os da Escola da Juventude para o Serviço Social. Lembro-me das últimas noites de muito chá, quando Thay explicava partes da carta aos membros da delegação e para alguns amigos íntimos. Naturalmente, começamos a pensar em outras pessoas de outros países que também poderiam se beneficiar com as práticas descritas no livro.

Thay tinha conhecido pessoalmente jovens budistas na Tailândia que haviam se inspirado no exemplo do budismo engajado no Vietnã. Eles também queriam agir num espírito de conscientização e reconciliação para impedir que um conflito armado eclodisse na Tailândia, e queriam saber como trabalhar sem serem dominados pela raiva e pelo desânimo. Muitos deles falavam inglês e nós conversávamos sobre a tradução da carta ao Irmão Quang. A ideia de uma tradução despertou uma comoção especial quando houve no Vietnã o confisco de editoras budistas que impossibilitou o projeto de impressão da carta como um pequeno livro.

Eu aceitei com alegria a tarefa de traduzir o livro para o inglês. Fazia quase três anos que eu estava vivendo com a Delegação de Paz Budista Vietnamita e vivia imerso no som lírico da língua vietnamita dia e noite. Thay tinha sido o meu professor "formal" da língua vietnamita; tínhamos lido lentamente, frase por frase, do início ao fim, alguns de seus livros precedentes. Desse modo eu tinha adquirido um vocabulário bastante incomum de termos budistas vietnamitas. É claro que Thay tinha me ensinado muito mais do que a língua vietnamita durante esses três anos. Sua presença era um lembrete constante

9

e gentil de retorno ao verdadeiro eu, para viver desperto por estar atento.

Quando me sentei para traduzir o *Milagre da atenção plena*, lembrei-me dos episódios vividos nos últimos anos que tinham nutrido a minha própria prática de atenção plena. Uma vez, eu estava cozinhando furiosamente e não conseguia encontrar uma colher que eu tinha colocado entre um monte de panelas e ingredientes espalhados. Enquanto eu procurava aqui e ali, Thay entrou na cozinha, sorriu, e perguntou: "O que Mobi está procurando?" É claro que eu respondi: "A colher! Estou procurando por uma colher!" Thay respondeu, novamente com um sorriso: "Não, Mobi está procurando por Mobi".

Thay sugeriu que eu fizesse a tradução de forma lenta e constante, a fim de manter minha atenção plena. Eu só traduzia duas páginas por dia. À noite, Thay e eu revisávamos aquelas páginas, mudando e corrigindo palavras e frases. Outros amigos deram assistência editorial. É difícil descrever a real experiência de traduzir as palavras de Thay, mas a minha consciência da sensação da caneta e do papel, a consciência da sensação da posição do meu corpo e da minha respiração me permitiam compreender com maior clareza o estado de plena atenção com que Thay tinha escrito cada palavra. Enquanto observava minha respiração, eu pude ver o Irmão Quang e os trabalhadores da Escola da Juventude para o Serviço Social. Mais do que isso, eu comecei a compreender que, por terem sido escritas em estado de atenção plena e dirigidas amorosamente a pessoas reais, as palavras mantinham viva a mesma franqueza pessoal para qualquer leitor. À medida que eu continuava a traduzir, pude ver uma comunidade em expansão: os trabalhadores da Escola, os jovens budistas tailandeses e muitos outros amigos de toda parte do mundo.

Quando a tradução foi concluída, nós a datilografamos, e Thay imprimiu cem cópias numa minúscula máquina ofsete espremida dentro do banheiro da Delegação. Foi uma alegria para os membros da delegação endereçar cuidadosamente cada cópia aos amigos de vários países.

Desde então, como ondulações numa lagoa, a edição inglesa do livro *The Miracle of Mindfulness* viajou muito. Foi traduzido em várias línguas e impresso ou distribuído em todos os continentes do mundo. Uma das alegrias de ser o seu tradutor é ter notícias de pessoas que o descobriram. Uma vez conheci alguém numa livraria que conhecia um aluno que tinha levado uma cópia para amigos na União Soviética. E, recentemente, eu encontrei um jovem aluno iraquiano correndo o risco de ser deportado à sua terra natal, onde ele enfrenta a morte por se recusar a lutar numa guerra que acredita ser cruel e sem sentido. Ele e sua mãe ambos leram *The Miracle of Mindfulness* e praticam a atenção da respiração. Também soube que a renda proveniente da edição portuguesa, *O milagre da atenção plena*, destina-se a ajudar crianças pobres no Brasil. Prisioneiros, refugiados, profissionais de saúde, educadores e artistas estão entre aqueles cujas vidas foram tocadas por este livrinho. Muitas vezes eu penso neste livro como sendo o próprio milagre, um veículo que continua a conectar vidas em todo o mundo.

Budistas americanos ficaram impressionados com a mistura das tradições Theravada e Mahayana, característica do budismo vietnamita, que o livro expressa de forma natural e única. Enquanto obra do caminho budista, *O milagre da atenção plena* é especial, pois enfatiza de modo claro e simples práticas fundamentais, que possibilitam a qualquer leitor começar imediatamente a praticar sozinho. O interesse pelo livro, entretanto, não tem se limitado aos budistas. O livro já encontrou aceitação entre pessoas de diversas tradições religiosas. A respiração, afinal de contas, dificilmente poderia se atrelar a só um determinado credo.

Os leitores que gostarem deste livro provavelmente ficarão interessados em outros livros de Thich Nhat Hanh já traduzidos para o português. Os seus livros em vietnamita, que somam dúzias, incluem contos, romances, ensaios, tratados históricos sobre budismo e poesia. Embora vários de seus primeiros livros em inglês estejam com edição esgotada, entre as obras mais recentes disponíveis encontram-se *A Guide to Walking Meditation*, *Being Peace* e *The Sun My Heart*.

Sem permissão de retornar ao Vietnã, Thich Nhat Hanh vive a maior parte do ano em Plum Village, a comunidade que ele ajudou a fundar na França. Lá, sob a orientação do mesmo Irmão Quang, a quem originalmente *The Miracle of Mindfulness* se dirigiu anos atrás, membros da comunidade cuidam de mil pés de ameixa. A renda arrecadada com as vendas das ameixas é usada para ajudar as crianças famintas no Vietnã. Além disso, todo verão, Plum Village recebe visitantes de todo o mundo que desejem passar um mês praticando meditação e a atenção plena. Nos últimos anos, Thich Nhat Hanh também visitou, anualmente, os Estados Unidos e Canadá para conduzir retiros de uma semana de duração organizados pela Associação da Paz Budista [Buddhist Peace Fellowship].

Gostaria de expressar gratidão especial à Editora Beacon por ter tido a visão de publicar *The Miracle of Mindfulness*. Espero que cada novo leitor ou leitora sinta que este livro é dirigido pessoalmente a ele ou a ela, tanto quanto foi ao Irmão Quang e aos trabalhadores da Escola da Juventude para o Serviço Social.

Mobi Ho
Agosto de 1987.

Trad.: Paz é cada respiração.

O MILAGRE DA
ATENÇÃO PLENA

Mindfulness is a source of happiness

Trad.: Atenção plena é uma fonte de felicidade.

1
A disciplina essencial

Ontem Alan veio me visitar com o seu filho Joel. Joel cresceu tão rápido! Ele já tem sete anos e fala inglês e francês fluentemente. Ele até usa algumas gírias que aprendeu na rua. Criar filhos aqui é muito diferente da forma como criamos filhos em nosso país. Aqui os pais acreditam que "a liberdade é necessária ao desenvolvimento da criança". Nas duas horas em que Alan e eu conversávamos, ele tinha que estar de olho em Joel o tempo todo. Joel brincava, falava e nos interrompia, impossibilitando que nós realmente conversássemos. Eu dei vários livros infantis de imagens para Joel, mas ele mal olhou os livros antes de jogá-los para lá e interromper nossa conversa novamente. Ele exige a atenção dos adultos o tempo todo.

Depois disso Joel vestiu seu casaco e saiu para brincar com o filho de um vizinho. Eu perguntei a Alan: "Você acha fácil a vida em família?" Alan respondeu de forma indireta. Ele disse que nas últimas semanas, desde o nascimento de Ana, que não conseguia dormir por muito tempo. De noite Sueli acorda ele e, como ela mesma está exausta, pede que ele vá verificar se Ana ainda está respirando. "Eu me acordo, olho o bebê e depois volto e caio no sono de novo. Às vezes o ritual acontece duas ou três vezes durante a noite."

"Viver em família é mais fácil do que ser um bacharel?", perguntei. Alan não respondeu de forma direta, mas eu compreendi e fiz outra pergunta. "Muita gente diz que se você tiver uma família será menos solitário e terá mais segurança. Isso é verdade?" Alan balançou a cabeça e murmurou algo baixinho. Mas eu entendi.

Em seguida Alan disse: "Eu descobri uma forma de ter muito mais tempo. Antigamente eu costumava olhar para o meu tempo como se ele estivesse dividido em diversas partes. Uma parte eu reservava para Joel, outra parte, para Sueli, outra, para ajudar Ana, e uma outra para trabalhos domésticos. O tempo que sobrava eu considerava um tempo para mim. Eu podia ler, escrever, pesquisar e sair para caminhar.

Mas agora eu deixei de tentar dividir o tempo em partes. Eu considero o tempo que passo com Joel e Sueli como um tempo para mim. Quando ajudo Joel em suas tarefas de casa, eu tento encontrar formas de ver o tempo dele como sendo meu próprio tempo. Eu passo as lições dele com ele, compartilhando a sua presença e encontrando formas de ficar interessado no que estamos fazendo naquele momento. O tempo que dedico a ele se torna o meu próprio tempo. O mesmo acontece com Sueli. O mais extraordinário é que eu agora tenho tempo ilimitado para mim mesmo!"

Alan sorria enquanto falava. Eu estava surpreso. Eu sabia que Alan não tinha aprendido isso a partir de leituras em livros. Isso era algo que ele tinha descoberto por si mesmo em seu próprio cotidiano.

LAVANDO PRATOS
POR LAVAR PRATOS

Há trinta anos, quando eu ainda era um noviço no Templo Tu Hieu, lavar pratos dificilmente era uma tarefa agradável. Durante a estação de retiro, quando todos os monges retornavam ao mosteiro, dois noviços tinham que, às vezes, preparar toda a comida e lavar os pratos para muito mais de cem monges. Não tinha sabão. Nós só tínhamos cinzas, cascas de arroz e cascas de coco seco, e isso era tudo o que tínhamos. Lavar uma enorme pilha de tigelas era uma tarefa árdua, especialmente durante o inverno, quando a água estava gelada. Então você tinha que aquecer antes uma grande chaleira de água para poder começar a esfregar. Hoje em dia a pessoa se encontra numa cozinha toda equipada com sabão líquido, esponjas especiais de esfregar e até mesmo água corrente, que faz com que tudo isso se torne mais agradável. Agora é fácil gostar de lavar pratos. Qualquer um pode lavá-los rapidamente e depois sentar-se para saborear uma xícara de chá. Eu compreendo uma máquina de lavar roupa, embora eu lave as minhas próprias vestes a mão, mas uma máquina de lavar pratos está indo um pouco longe demais!

Enquanto estiver lavando pratos a pessoa deve somente lavar pratos. Isso significa que enquanto lava os pratos a pessoa deve estar completamente plena do fato de estar lavando os pratos. Isso, à primeira vista, pode parecer uma besteira: Por que colocar tanta ênfase em algo tão simples? Mas esse é exatamente o ponto principal. O fato de eu estar ali em pé e lavando estas tigelas é uma realidade maravilhosa. Estou sendo totalmente eu mesmo, estou seguindo minha respiração plena da minha presença e plena dos meus pensamentos e ações. Não há como eu ser jogado de lá para cá desatentamente, como se fosse uma garrafa empurrada pela força das ondas daqui para ali.

A XÍCARA EM SUAS MÃOS

Eu tenho um grande amigo, nos Estados Unidos, chamado Jim Forest. Quando encontrei Jim há oito anos, ele estava trabalhando para a Associação da Paz Católica [*Catholic Peace Fellowship*]. No inverno passado, Jim veio me visitar. Eu geralmente lavo a louça depois que termino de jantar e antes de me sentar para tomar um chá com mais alguém. Uma noite, Jim me perguntou se ele poderia lavar os pratos. Eu disse: "Pode sim, mas se você for lavar os pratos deve saber a forma de lavá-los". E Jim respondeu: "O que é isso? Você acha que não sei como lavar pratos?!" Eu disse: "Tem duas formas de lavar pratos. Uma é lavar os pratos para que os pratos fiquem limpos, e a segunda é lavar pratos por lavar pratos". Jim ficou satisfeito e disse: "Eu escolho a segunda forma, lavar pratos por lavar pratos". Dali em diante Jim soube como lavar pratos. Eu passei a "responsabilidade" para ele por uma semana inteira.

Se enquanto lavamos pratos estivermos pensando somente na xícara de chá que está à nossa espera, e, por conseguinte, estivermos nos apressando para conseguir nos livrar dos pratos como se fossem um transtorno, então não estamos "lavando pratos por lavar pratos". Além do mais, não estamos vivos durante o tempo em que estamos lavando pratos. De fato, estamos sendo totalmente incapazes de compreender o milagre da vida no tempo em que estamos em pé diante da pia. Se não conseguimos lavar os pratos, é mais provável que seremos incapazes de beber o nosso chá também. Quando estivermos bebendo uma xícara de chá, estaremos só pensando em outras coisas, muito pouco plenas da xícara em nossas mãos. Somos, portanto, sugados pelo futuro – e somos incapazes de viver realmente um minuto de vida.

COMENDO UMA TANGERINA

Eu me lembro que, alguns anos atrás quando Jim e eu viajávamos juntos pela primeira vez nos Estados Unidos, nós nos sentamos sob uma árvore e compartilhamos uma tangerina. Ele começou a conversar sobre o que iríamos fazer no futuro. Toda vez que pensávamos sobre um projeto aparentemente sedutor ou inspirador, Jim ficava tão imerso naquilo que se esquecia literalmente do que estava fazendo no presente. Ele jogava um gomo de tangerina na boca e antes de começar a mastigá-lo já tinha outra porção pronta para ser jogada na boca novamente. Era uma forma muito pouco plena de estar comendo uma tangerina.

Tudo o que eu tinha a dizer era: "Você deve comer primeiro o gomo de tangerina que já está na sua boca". Jim se espantava quando percebia o que estava fazendo.

Era como se ele não tivesse comido a tangerina de jeito nenhum. Se é que ele esteve comendo algo, foram os seus planos futuros que ele "comeu".

Uma tangerina tem gomos. Se você conseguir comer apenas um gomo, provavelmente conseguirá comer a tangerina inteira. Mas se não consegue comer um único gomo, você não conseguirá comer a tangerina. Jim entendeu isso. Ele abaixou a mão lentamente e focou na presença do pedaço que já estava em sua boca. Ele mastigou aquele gomo atentamente antes de pegar outro pedaço para comer.

Posteriormente, quando Jim foi preso devido às atividades contra a guerra, eu estava preocupado se iria conseguir suportar as quatro paredes da prisão, e eu enviei para ele uma breve carta dizendo: "Você se lembra da tangerina que nós compartilhamos quando nos encontramos? Estar aí é como a tangerina. Deguste-a e seja uno com ela. Amanhã isso não mais existirá".

A DISCIPLINA ESSENCIAL

Há mais de trinta anos, quando entrei no mosteiro pela primeira vez, os monges me deram um livrinho intitulado *A disciplina essencial para uso diário*, escrito pelo monge budista Doc The, do Templo Bao Son, e me disseram para eu memorizá-lo. Era um livrinho fino. Não tinha mais de quarenta páginas, mas continha todos os pensamentos que Doc The usava para despertar a mente dele enquanto realizava qualquer tarefa. Quando acordava de manhã, o primeiro pensamento dele era: "Simplesmente despertei; espero que cada um alcance a grande consciência e veja com total clareza". Quando lavava as mãos, ele usava este pensamento para colocar-se em estado de atenção plena: "Enquanto lavo as mãos, espero que todas as pessoas tenham mãos puras para receber a realidade". O livro inteiro consiste de frases como estas. O objetivo dele era ajudar os praticantes iniciantes a terem domínio da própria consciência. O Mestre Zen Doc The ajudou todos nós, jovens noviços, a praticar de um modo relativamente fácil aquelas coisas que são ensinadas no Sutra da Atenção Plena. Toda vez que você vestia seus hábitos, lavava pratos, ia ao banheiro, dobrava o seu tapete, carregava baldes d'água ou escovava os dentes, você poderia usar um dos pensamentos do livro para tomar posse da sua consciência.

O Sutra da Atenção Plena[1] diz: "Ao andar, o praticante deve estar consciente de estar andando. Ao sentar, o praticante deve estar consciente de estar sentando. Ao

---

1. Nos Sutras, Buda geralmente ensina que a pessoa deve usar a respiração para conseguir Concentração. O Sutra que fala sobe o uso da respiração para manter a atenção plena é o *Sutra Anapanasati*. Esse Sutra foi traduzido e comentado por um mestre zen vietnamita, da Ásia Central, originalmente chamado de Khuong Tang Hoi, por volta do início do século III a.C. *Anapana* significa respiração e sati significa atenção plena. Tang Hoi traduziu isso como "resguardar a mente". O Sutra Anapanasati é o Sutra sobre como usar a respiração para manter a consciência atenta. Este Sutra é o 118 da coleção Nikaya Majhima de Sutras e nos ensina 16 métodos de respirar com atenção.

deitar, o praticante deve estar consciente de estar se deitando... Não importa a posição em que o seu corpo esteja, o praticante deve estar consciente daquela posição. Ao praticar, portanto, o praticante vive constantemente atento ao corpo..." Viver constantemente atento às posições do corpo não basta. Devemos estar conscientes também de cada respiração, de cada movimento, de cada pensamento e sentimento; tudo o que tenha qualquer relação conosco.

Mas qual é o propósito das instruções do Sutra? Onde vamos encontrar tempo para praticar a atenção plena? Se passarmos o dia inteiro praticando a atenção plena, como vamos ter tempo suficiente para fazer todo o trabalho, que precisa ser feito, de mudar e construir uma sociedade alternativa? Como Alan administra os trabalhos de estudar as lições de Joel, levar as fraldas de Ana para a lavanderia, e, ao mesmo tempo, praticar a atenção plena?

Thich Nhat Hanh em 1968.

Trad.: Respire, meu querido. / Respire, minha querida.

2

O milagre é andar sobre a Terra

Alan me disse que tem "tempo ilimitado" desde que começou a considerar o tempo que ele passava com Joel e Sueli como sendo um tempo dele mesmo. Mas talvez seja somente a princípio que Alan tem tempo. Porque, sem dúvida, muitas vezes ele se esquece de considerar como sendo um tempo dele, o tempo em que passa a lição de casa com Joel. Desse modo, ele pode perder tempo. Pode ser que Alan espere que as horas passem rápido, ou fique mais impaciente, pois àquela hora parece ter sido desperdiçada para ele, por não ser um tempo para si mesmo. Então se ele realmente quer "tempo ilimitado", terá que manter viva a realização de que "este tempo é meu", durante todo o tempo em que estiver estudando com Joel. Mas, nessas horas, a mente dele inevitavelmente se dispersa em outros pensamentos, então, se quiser realmente manter viva sua própria consciência [daqui para frente usarei o termo "atenção plena" com referência a pessoa manter a consciência viva na realidade presente], ele deverá praticar agora mesmo no cotidiano, e não só durante as sessões de meditação.

Quando estiver andando por um caminho que leva a um vilarejo, você poderá praticar a atenção plena. Quando estiver andando por um caminho de barro, arrodeado de trechos de grama verde, em estado de atenção plena você experimentará esse caminho, o caminho que leva ao vilarejo. Você pratica para manter vivo um único pensamento: "Estou andando por um caminho que leva ao vilarejo". Se estiver ensolarado ou chuvoso, se o caminho estiver seco ou molhado, você mantém aquele único pensamento, mas não simplesmente repetindo-o mecanicamente muitas e muitas vezes. Pensar como uma máquina é o oposto da atenção plena. Se estivermos realmente engajados nessa prática, quando estivermos andando ao longo do caminho que leva ao vilarejo, vamos considerar cada passo que damos como uma maravilha infinita, e uma alegria abrirá nossos corações como uma flor, permitindo-nos entrar no mundo da realidade.

Eu gosto de andar sozinho em trilhas pelo campo, entre pés de arroz e gramíneas selvagens em ambos os lados; ao colocar o pé na terra com a atenção plena, sei que ando sobre uma terra maravilhosa. Em momentos como esse, a existência é uma realidade misteriosa e miraculosa. As pessoas geralmente consideram um milagre andar sobre a água ou ar puro. Mas eu acredito que o verdadeiro milagre não é andar nem sobre a água nem sobre o ar puro, mas sim andar sobre a terra. Todo dia nós estamos engajados em um milagre que nem mesmo reconhecemos: um céu azul, nuvens brancas, folhas verdes, os olhos negros curiosos de uma criança – os nossos dois olhos. Tudo é um milagre!

SENTAR-SE

O Mestre Zen Doc The diz que, quando sentarmos para meditar, devemos nos sentar eretos e fazer brotar o seguinte pensamento: "Sentar aqui é como sentar sob a árvore Bodhi". A árvore Bodhi é o local onde o Senhor Buda se sentou quando atingiu a iluminação. Se qualquer pessoa pode se tornar um Buda, e Budas são todas estas incontáveis pessoas que obtiveram a iluminação, então muitos se sentaram no mesmo lugar que eu agora sento. Sentar-se no mesmo lugar de Buda faz com que a felicidade brote, e sentar-se em estado de atenção plena significa ter se tornado um Buda. O poeta Nguyen Cong Tru experimentou a mesma coisa quando sentou-se em determinado lugar, e de repente viu como os outros já tinham sentado no mesmo lugar por muitas e muitas eras e também se sentariam ali em eras futuras.

No mesmo lugar onde hoje sento
Outros vieram, em eras passadas, sentar
Por milhares de anos outros ainda virão
Quem é o cantor e quem é o ouvinte?

Aquele local e os minutos que ele passou ali se tornaram um elo na realidade eterna.

Mas as pessoas ativas e preocupadas não têm tempo para caminhar com tranquilidade pelos caminhos verdes de grama e sentar-se sob as árvores. Elas têm que preparar projetos, consultar vizinhos, tentar resolver um milhão de dificuldades; têm um trabalho árduo a ser feito. Precisam lidar com todo tipo de dificuldades, mantendo a todo instante a atenção focada no trabalho, alerta; prontas para lidarem com a situação de forma hábil e inteligente.

Você bem poderia questionar: "Então como é que vamos praticar a atenção plena?"

A minha resposta é: Mantenha sua atenção focada no trabalho, esteja alerta e pronto para administrar de forma hábil e inteligente qualquer situação que possa surgir – isto é atenção plena. Não há razão pela qual a atenção plena deva ser diferente de focar toda a atenção no trabalho, de estar alerta e usando o melhor dos julgamentos. Nos momentos em que estiver consultando, resolvendo e lidando com o que quer que seja, um coração tranquilo e o autocontrole serão necessários para que bons resultados sejam alcançados. Qualquer um pode ver isso. Se não estivermos controlados, mas ao invés disso deixarmos nossa impaciência ou raiva interferir, o nosso trabalho deixa de ter valor.

Atenção plena é o milagre pelo qual nós nos dominamos e nos restauramos. Considere, por exemplo: um mágico que corta seu corpo em muitas partes e coloca cada parte numa região diferente – as mãos no sul, os braços no leste, as pernas no norte –, e depois, por algum poder miraculoso, ele dá um grito que reúne de volta todas as partes do seu corpo. A atenção plena funciona desse jeito – um milagre que pode chamar de volta instantaneamente a nossa mente dispersa e restaurar sua inteireza para que possamos viver cada momento de vida.

CUIDANDO DA RESPIRAÇÃO

Desse modo, a atenção plena é, ao mesmo tempo, um meio e um fim, a semente e o fruto. Quando a praticamos para desenvolver concentração, a atenção plena é uma semente. Mas, em si mesma, ela é a vida da consciência; presença de atenção significa presença de vida. Portanto, atenção plena também é o fruto. Ela nos liberta do esquecimento e da dispersão e faz com que possamos viver inteiramente cada minuto de vida. Atenção plena nos permite viver.

Você deve saber como respirar para manter a atenção plena, pois respirar é um instrumento natural, extremamente efetivo, capaz de evitar a dispersão. Respirar é a ponte que conecta a vida com a consciência, que une o seu corpo aos seus pensamentos. Toda vez que sua mente estiver dispersa, use sua respiração como um meio de assentar sua mente de novo.

Inspire suavemente uma inalação razoavelmente longa, consciente do fato de estar inspirando uma longa inalação. Agora expire todo o ar dos seus pulmões, permanecendo consciente de toda exalação. O Sutra da Atenção Plena ensina o método de cuidar da respiração da seguinte forma:

> Esteja sempre consciente de estar inspirando e consciente de estar expirando.
> Quando a inspiração for longa, você sabe, estou inspirando uma longa inalação.
> Quando a expiração for longa, você sabe, estou expirando uma longa exalação.

Quando a inspiração for curta, você sabe, estou inspirando uma curta inalação.
Quando a expiração for curta, você sabe, estou expirando uma curta exalação.

"Experimentando o corpo inteiro da respiração, eu inspiro" – é assim que você treina. *"Experimentando o corpo inteiro da respiração, eu expiro"* – é assim que você treina.
"Acalmando a atividade do corpo da respiração, eu inspiro" – é assim que você treina.
"Acalmando a atividade do corpo da respiração, eu expiro" – é assim que você treina.

Nos mosteiros budistas todo mundo aprende a usar a respiração como um instrumento para interromper a dispersão mental e desenvolver o poder da concentração. O poder da concentração é a força que vem com a prática da atenção plena. É a concentração que pode nos ajudar a alcançar o Grande Despertar. Quando um trabalhador tem a maestria da sua própria respiração ele já se tornou iluminado. Para que a atenção plena seja mantida por um longo período, temos que acompanhar nossa respiração.

Aqui é outono; e é realmente lindo ver as folhas douradas caindo uma por uma. Dar uma caminhada de dez minutos pela mata, observando minha respiração e mantendo a atenção plena, me faz sentir revigorado e restaurado. Desse modo eu posso realmente entrar em comunhão com cada folha.

É claro que é mais fácil manter a atenção plena quando caminhamos sozinhos numa trilha pelo campo.

Se caminhar com um amigo do lado, que não conversa e que também está observando a respiração dele, você pode facilmente continuar mantendo sua atenção plena. Mas se o seu amigo do lado começa a conversar, fica um pouco mais difícil.

Se surgir o pensamento em sua mente: "Eu quero que este amigo pare de falar, para eu poder me concentrar", você já perdeu a atenção plena. Mas se ao invés disso você pensa: "Se ele quiser conversar eu vou responder, mas vou continuar plenamente atento de que estamos caminhando juntos por esta trilha; estou consciente do que dizemos, e posso também continuar observando a minha respiração". Se conseguir fazer com que esse tipo de pensamento brote, você continuará plenamente atento.

É mais difícil praticar em tais situações do que quando você está sozinho. Mas se continuar praticando, entretanto, você desenvolverá a habilidade de manter uma concentração maior. Tem um verso de uma canção do povo vietnamita que diz: "O mais difícil de tudo é praticar o Caminho[2] em casa, em segundo lugar, no meio da multidão, e em terceiro, no Templo". É somente numa situação difícil e movimentada que a atenção plena se torna realmente um desafio!

---

2. Caminho neste contexto significa o Caminho do Darma, i.e., dos ensinamentos de Buda Shakyamuni [N.T.].

CONTAR E SEGUIR A RESPIRAÇÃO

Nas sessões de meditação, que comecei recentemente para um público não vietnamita, eu geralmente sugiro vários métodos já experimentados por mim e que são bem simples. Eu sugiro aos iniciantes o método de "Seguir o comprimento da respiração". Os alunos se deitam de costas no chão. Em seguida eu convido todos os participantes a se reunirem em círculo para que eu possa mostrar para eles alguns pontos básicos:

1) Embora a inalação e exalação sejam trabalhos dos pulmões, e acontecem na área torácica, a área estomacal também desempenha um papel importante. O estômago sobe quando os pulmões se enchem. No início da respiração o estômago começa a ser empurrado para fora. Mas depois de inalar cerca de dois terços de ar, o estômago começa a descer novamente.

2) Por quê? Entre o peito e o estômago existe uma membrana muscular, o diafragma. Quando você inspira corretamente, o ar preenche primeiro a parte mais baixa dos pulmões; antes da parte superior dos pulmões se encher de ar o diafragma empurra o estômago para baixo, fazendo com que o estômago se eleve.

3) É por isso que antigamente as pessoas diziam que a respiração começava no umbigo e terminava nas narinas.

Para os iniciantes, deitar-se para praticar a atenção da respiração facilita muito. O importante é ter cautela e não se esforçar demais: um esforço grande demais pode ser perigoso, especialmente quando os pulmões já estão fracos após muitos anos respirando incorretamente. Para começar, o praticante deve deitar-se de costas sobre um tapete ou cobertor finos, e os dois braços abertos ao lado do corpo. Não escore a cabeça num travesseiro. Foque sua atenção na sua exalação e observe quanto tempo ela dura. Meça sua duração contando mentalmente: 1, 2, 3... Depois de várias vezes, você saberá qual é o "comprimento" da sua respiração. Talvez seja 5. Agora tente estender a exalação por mais uma contagem ou duas, para que a contagem da exalação se torne 6 ou 7. Comece a expirar contando de 1 até 5. Quando chegar a 5, ao invés de inalar imediatamente como antes, tente estender a exalação para 6 ou 7. Desse modo você vai esvaziar mais os seus pulmões de ar. Quando tiver terminado de exalar, dê uma pausa por um instante e deixe que os seus pulmões inspirem, por si sós, o ar puro. Deixe-os inspirar o tanto de ar que quiserem sem fazer qualquer esforço. A inalação normalmente será mais "curta" do que a exalação. Mantenha mentalmente uma contagem constante para medir o comprimento de ambas. Pratique assim durante muitas semanas, permanecendo plena de todas as suas inalações e exalações enquanto estiver deitado. [Se você tiver um relógio com um tique-taque audível, poderá usá-lo para observar a duração da sua inspiração e expiração.]

Continue a medir sua respiração enquanto você caminha, senta, fica em pé, e especialmente toda vez que estiver ao ar livre. Enquanto caminha, pode ser que você queira usar os seus passos para medir sua respiração. Depois de cerca de um mês, a diferença na duração entre suas exalação e inalação diminuirá gradualmente até que ambas estejam com a mesma medida. Se a duração da sua exalação for 6, a da inalação também será 6.

Se você se sentir cansado quando estiver praticando, pare imediatamente. Mas mesmo que não se sinta cansado, não prolongue a prática da respiração longa e igual além de curtos períodos de tempo – 10 a 20 respirações bastam. No momento em que sentir o mínimo cansaço, volte sua respiração ao normal. O cansaço é um excelente mecanismo do nosso corpo e o melhor conselheiro a nos dizer se devemos descansar ou continuar. Para medir sua respiração você pode contar ou usar uma frase rítmica do seu gosto. Se a duração da sua respiração for 6, você poderá usar, no lugar de números, as 6 palavras: "Meu coração agora está em paz". Se a duração for 7, você poderá usar: "Eu ando sobre a nova Terra verde". Um budista poderá dizer: "Tomo refúgio em Buda, Darma e Sanga". E um cristão poderá dizer: "O Nosso Pai que está no céu".

A RESPIRAÇÃO SILENCIOSA

Sua respiração deve ser leve, regular e fluida como uma fina corrente d'água correndo pela areia. Sua respiração deve ser muito silenciosa, tão silenciosa que a pessoa sentada ao seu lado não consegue ouvi-la. Sua respiração deve fluir graciosamente, como um rio, como uma serpente d'água deslocando-se pela água, e não como uma cadeia de montanhas acidentadas ou o galope de um cavalo. Ter a maestria da nossa respiração é estar em controle dos nossos corpos e mentes. Toda vez que percebermos que estamos dispersos e que está difícil ter o controle de nós mesmos por meios diversos, o método de observar a respiração deve sempre ser usado.

No momento em que você se sentar para meditar, comece observando sua respiração. Primeiro respire normalmente, e deixe sua respiração ir se acalmando até ficar tranquila, regular e relativamente longa em sua duração. Do momento em que você se sentar até o momento em que sua respiração se tornar profunda e silenciosa, esteja pleno de tudo o que estiver acontecendo dentro de você.

Como diz o Sutra da Atenção Plena:

> *Ao inalar uma longa inspiração, você sabe, estou inalando uma longa inspiração.*
>
> *Ao exalar uma longa expiração, o praticante sabe, estou exalando uma longa expiração.*
>
> *Quando a inspiração for curta, você sabe, estou inalando uma curta inspiração.*
>
> *Quando a expiração for curta, você sabe, estou exalando uma curta expiração.*
>
> *"Experimentando todo o corpo respiratório, eu inspiro"* – é assim que você treina.
>
> *"Experimentando todo o corpo respiratório, eu expiro"* – é assim que você treina.

"Acalmando a atividade do corpo respiratório, eu inspiro" – é assim que você treina.

"Acalmando a atividade do corpo respiratório, eu expiro" – é assim que você treina.

Depois de cerca de 10 a 20 minutos, os seus pensamentos terão se aquietado como uma lagoa sem uma única ondulação sequer.

CONTAGEM DA RESPIRAÇÃO

A prática de tornar a respiração calma e regular é chamada de método de seguir a respiração. Se parecer difícil, no início, você pode substituir o método de contagem da respiração. Ao inspirar, conte 1 mentalmente, e ao expirar conte 1. Inspire, conte 2. Expire, conte 2. Continue até 10 e depois retorne para o 1 novamente. Essa contagem é como um fio que prende sua atenção à sua respiração. Esse exercício é o ponto inicial no processo de tornar-se constantemente consciente da respiração. Mas sem atenção plena, você perderá a contagem rapidamente. Quando perder a contagem, apenas retorne ao 1 e continue tentando até conseguir manter a contagem corretamente. Quando tiver conseguido realmente focar sua atenção na contagem, você alcançou o ponto no qual poderá começar a abandonar o método de contagem e começar a concentrar somente na própria respiração.

Naqueles momentos em que você estiver triste ou disperso, e que achar difícil praticar a atenção plena, retorne à sua respiração. A maestria da respiração é a própria atenção plena. Sua respiração é o método maravilhoso de tomada de posse da sua consciência. Como dito em uma das regras de uma comunidade religiosa: "A pessoa não deve se perder em devaneios mentais ou no meio ambiente. Aprenda a praticar a respiração para recuperar o controle do corpo e da mente, praticar a atenção plena e desenvolver a concentração e a sabedoria".

CADA ATO É UM RITO

Suponha que há um muro altíssimo, e lá do topo deste muro pode-se ter uma ampla visão – mas aparentemente não há como escalá-lo, somente um pedaço de corda fina dependurada no topo e caindo em ambos os lados. Uma pessoa inteligente amarrará uma corda mais grossa em uma das extremidades da corda fina, passará para o outro lado da muralha e em seguida puxará a corda fina trazendo a corda grossa para o outro lado. Depois amarrará o final da corda fina numa forte corda e a puxará. Quando a mesma tiver atingido a parte inferior de um dos lados e estiver segura do outro lado, a muralha poderá ser escalada com facilidade.

Nossa respiração é como um pedaço de corda fragilíssimo. Mas desde que saibamos usá-la, a nossa respiração pode se transformar em um instrumento maravilhoso que nos ajuda a superar situações, que de outro modo pareceriam desesperadoras. Nossa respiração é uma ponte ligando nosso corpo à nossa mente; o elemento reconciliador do nosso corpo e mente, tornando possível a unidade corpo-mente. A respiração está alinhada a ambos: corpo e mente, e só este instrumento é capaz de uni-los, iluminando os dois e trazendo paz e tranquilidade.

Muita gente e escritores discutem os benefícios imensos que resultam da respiração correta. Eles relatam que a pessoa que sabe respirar corretamente é capaz de desenvolver vitalidade de forma contínua: a respiração desenvolve os pulmões, fortalece o sangue e revitaliza cada órgão do corpo. Dizem que a respiração adequada é mais importante do que comida. E todas estas afirmações são corretas.

Anos atrás eu estava muito doente. Depois de muitos anos tomando medicamentos e fazendo tratamentos sob orientação médica, minha condição melhorou. Então voltei ao método da respiração e graças a ele consegui me curar.

Respirar é uma ferramenta. A própria respiração é atenção plena. Usar a respiração como um instrumento pode trazer benefícios imensos, mas estes não podem ser considerados um fim em si mesmos. Esses benefícios são apenas subprodutos da realização da atenção plena.

Em meus pequenos grupos de meditação para o público não vietnamita há muita gente jovem. Eu disse a essas pessoas que se cada uma conseguir meditar uma hora por dia, isso é bom, mas não é de forma alguma suficiente. Você deve praticar meditação enquanto anda, está em pé parado, deitado, sentado e trabalhando, enquanto lava as mãos, enquanto lava os pratos, varre o chão, bebe uma xícara de chá, conversa com os amigos, ou seja, quando estiver fazendo qualquer coisa: "Enquanto lava os pratos, pode ser que esteja pensando no chá que tomará depois, e, portanto, tenta se livrar dos pratos o mais rápido possível para poder sentar-se e beber seu chá. Mas isso significa que você está sendo incapaz de viver enquanto lava pratos. Quando estiver lavando os pratos, lavar pratos deve ser a coisa mais importante da sua vida. Do mesmo modo, quando estiver bebendo seu chá, beber o chá deve ser a coisa mais importante da sua vida. Quando estiver usando o banheiro, permita que isto seja a coisa mais importante da sua vida". E assim por diante. Cortar madeira é meditação. Carregar água é meditação. Esteja plenamente atento 24 horas por dia, não somente durante aquela hora que você reservou para meditação formal, ou para ler escrituras e recitar orações. Cada ato deve ser conduzido em estado de atenção plena. Cada ato é um rito, uma cerimônia. Levar a xícara de chá até a boca é um rito. A palavra "rito" parece demasiadamente solene? Eu uso esta palavra a fim de sacudir você para que compreenda que tomar consciência é uma questão de vida ou morte.

Thich Nhat Hanh saboreando uma xícara de chá em 1970.

Thich Nhat Hanh se encontra com Martin Lurther King Jr. em Chicago em 1966.
Thich Nhat Hanh e King fizeram um discurso no rádio falando contra a guerra no Vietnã.

Trad.: Silencie e compreenda.

3

Um dia em atenção plena

A atenção plena deve ser praticada todo dia e toda hora. Isso é fácil de ser dito, mas para ser realizado na prática é difícil. Por isso eu sugiro aos que vêm às sessões de meditação que cada pessoa procure reservar um dia na semana para dedicar-se inteiramente à prática da atenção plena. Em princípio, é claro que todo dia deve ser um dia seu, e toda hora, uma hora sua. Mas, na realidade, muito poucos de nós alcançaram esse ponto. Nós temos a impressão de que nossa família, local de trabalho, e sociedade nos roubam todo o nosso tempo. Então eu insisto para que cada pessoa reserve um dia na semana; um sábado, talvez.

Se for sábado, então sábado deve ser um dia totalmente seu, um dia em que você realmente é o mestre. Então sábado servirá de alavanca que elevará você ao hábito de praticar a atenção plena. Todos os que trabalham em comunidades de serviço à paz, independentemente de o quão urgente seja seu trabalho, têm o direito de ter um dia desses, pois sem esse dia nós vamos nos perder rapidamente numa vida cheia de preocupações e atividades, e nossas respostas se tornarão cada vez mais inúteis. Qualquer que seja o dia escolhido, este deve ser considerado como o Dia da Atenção Plena.

Para programar um dia da atenção plena, descubra uma forma de, desde o momento em que se acordar, lembrar-se que este é o seu dia de atenção plena. Você pode pendurar no teto ou na parede, por exemplo, um papel escrito "Atenção plena" ou uma rama de pinheiro – ou qualquer outra coisa que possa lhe sugerir, desde o momento em que abrir os olhos, que aquele é o seu dia de praticar a atenção plena. Hoje o dia é seu. Ao se lembrar disso, talvez você sinta vontade de esboçar um sorriso que confirma que você está totalmente consciente, um sorriso que nutre uma atenção plena perfeita.

Ainda deitado na cama, comece lentamente a seguir sua respiração – respirações lenta, longa e consciente. Então lentamente se levante da cama, nutrindo a atenção plena em cada movimento – ao invés de levantar-se de forma súbita, como de costume. Depois de ter se levantado, escove os dentes, lave o rosto, e faça todas as suas atividades matinais de maneira calma e relaxada, com cada movimento sendo feito de forma atenta e consciente. Siga sua respiração, tome posse dela e não deixe os seus pensamentos se dispersarem. Cada movimento deve ser feito calmamente. Meça os seus passos com respirações tranquilas e longas. Mantenha um ar sorridente.

Passe pelo menos meia hora tomando banho. Banhe-se lentamente e com atenção, de modo que, quando tiver terminado, você se sentirá leve e refrescado. Depois disso, você poderá fazer trabalhos domésticos, como lavar pratos, espanar e limpar as mesas, esfregar o chão da cozinha, arrumar os livros nas prateleiras. Quaisquer que sejam as tarefas, faça-as lenta e confortavelmente com atenção plena. Não faça tarefa alguma pensando em terminá-la. Determine-se a realizar cada tarefa de um modo relaxado, com toda a sua atenção. Desfrute e esteja uno com o seu trabalho. Sem isso, o dia em atenção plena não terá valor algum. A sensação de que qualquer tarefa é um incômodo logo desaparecerá se for feita em estado de atenção plena. Tome o exemplo dos Mestres Zen. Independentemente da tarefa ou do movimento que estejam realizando, eles os fazem de forma lenta e regular, sem relutância.

Para os que estão começando a praticar pela primeira vez, o melhor é manter um espírito silencioso ao longo do dia. Isso não quer dizer que, no dia da atenção plena, você não deva falar de jeito algum. Você pode conversar, e pode até ir além e cantar, mas se conversar ou cantar, faça isso com total consciência do que está falando ou cantando, e continue conversando ou cantando o mínimo. É claro que é possível cantar e praticar atenção plena simultaneamente, desde que a pessoa esteja consciente de estar cantando e consciente do que está cantando. Mas esteja avisado de que, se a força da sua meditação ainda é fraca, é muito mais fácil de você se desviar da atenção plena enquanto canta e conversa.

Na hora do almoço prepare sua refeição. Cozinhe sua refeição e lave os pratos em atenção plena. De manhã, depois de ter limpado e posto em ordem sua casa, e à tarde, depois de ter trabalhado no jardim ou observado as nuvens ou colhido flores, prepare um bule de chá e sente-se para tomá-lo em estado de atenção plena. Permita-se passar um bom período de tempo fazendo isso. Não beba o seu chá como alguém que engole um cafezinho nos intervalos do trabalho. Beba o seu chá devagar e reverenciando-o, como se fosse o eixo sobre o qual a Terra inteira gira – lentamente, de forma equilibrada, sem pressa do futuro. Viva o momento real. Somente este momento real é vida. Não esteja apegado ao futuro. Não se preocupe com coisas que você tem de fazer. Não pense em se levantar ou em sair para fazer coisa alguma. Não pense em "partir".

> *Seja um botão tranquilamente sentado na cerca viva*
> *Seja um sorriso, parte da existência maravilhosa*
> *Fique aqui. Não há necessidade de partir*
> *Esta pátria é tão bonita quanto a pátria da nossa infância*
> *Não a prejudique, por favor, e continue a cantar...*
> (*Butterfly Over the Field of Golden Mustard Flowers* – Borboleta sobre o campo de flores de mostarda dourada).

À noite, você pode ler as escrituras e copiar trechos, escrever cartas aos amigos ou fazer qualquer outra coisa que goste de fazer fora das suas obrigações normais da semana. Mas o que quer que você faça, faça-o com atenção. Coma só um pouquinho na refeição da noite. Mais tarde, por volta de 10 ou 11 horas, quando estiver sentado em meditação, será mais fácil de sentar-se de estômago vazio. Depois, você pode caminhar lentamente tomando o ar fresco noturno, seguindo sua respiração conscientemente e medindo o comprimento da respiração com seus passos. Finalmente volte ao seu quarto e durma plenamente.

Seja como for, devemos encontrar uma maneira de permitir que todo trabalhador tenha um dia dedicado à prática da atenção plena. Esse dia é decisivo. Seu efeito nos demais dias da semana é imensurável. Há dez anos, graças ao dia da atenção plena, Chu Van e outros irmãos da Ordem Tiep Hien conseguiram atravessar muitos momentos difíceis. Eu sei que você vai ver uma mudança significativa em sua vida depois de ter praticado a atenção plena durante três meses apenas, um dia por semana. A atenção plena vai começar a penetrar nos outros dias da semana, permitindo que você eventualmente viva conscientemente os sete dias da semana. Eu tenho certeza de que você concorda comigo que dedicar um dia à atenção plena é muito importante!

Thich Nhat Hanh se encontra com Sua Santidade o Dalai Lama, em 1993, no Parlamento das Religiões do Mundo.

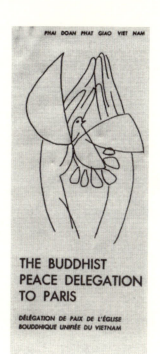

À esquerda: pôster anunciando a Delegação de Paz Budista que Thich Nhat Hanh fundou para informar sobre a situação do povo comum vietnamita nas Palestras de Paz em Paris [1968-1973]. A Delegação de Paz Budista não só militava em prol da paz, mas, como dito neste livro, os seus membros praticavam a paz cultivando a energia da atenção plena.

À direita: panfleto de uma palestra de Thich Nhat Hanh na cidade de Nova York. Em maio de 1966, ele partiu do Vietnã para fazer uma turnê de palestras achando que seria por algumas semanas apenas. Entretanto, o Vietnã do Sul declarou que ele era um traidor por ter se atrevido a reivindicar a paz. Dali em diante, ele foi exilado, e só depois de 39 anos pôde voltar para visitar sua terra natal.

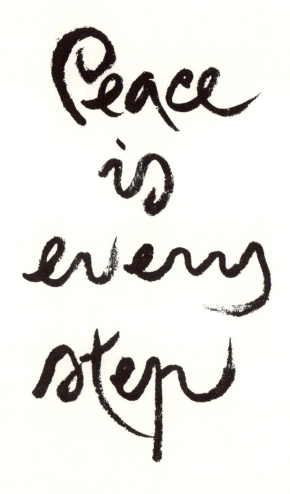

Trad.: Paz é cada passo.

4
O seixo

Por que você deve meditar? Em primeiro lugar, porque cada um de nós precisa descansar plenamente. Até mesmo uma noite de sono não nos deixa totalmente descansados. Ficamos nos torcendo e nos virando, com os músculos do rosto tensos, sonhando o tempo todo e dificilmente descansamos! Tampouco deitar-se significa descanso, se você ainda ficar inquieto se torcendo e se virando. Deitado de costas, com os braços e pernas alongados mas não rígidos, com a cabeça sem estar apoiada num travesseiro – esta é uma boa postura para você observar a respiração e relaxar todos os músculos; mas desse modo também é fácil cair no sono. Deitado, você não consegue avançar na meditação tanto quanto consegue sentado. É possível experimentar repouso total numa postura sentada e, por sua vez, progredir mais profundamente na meditação para resolver as preocupações e infortúnios que nos entristecem e bloqueiam nossa consciência.

Entre os que trabalham conosco no Vietnã há os que conseguem sentar-se na postura de lótus – com o pé esquerdo colocado sobre a coxa direita e o pé direito sobre a coxa esquerda. Outros conseguem se sentar na postura de meio lótus – com o pé esquerdo colocado sobre a coxa direita, ou o pé direito sobre a coxa esquerda. Em nossas aulas em Paris tem gente que não se sente confortável em nenhuma dessas posições mencionadas, então eu vou mostrar a elas o modo japonês de sentar-se – com os joelhos dobrados e sentado sobre as duas pernas. Colocando uma almofada entre os pés é possível sentar-se desse modo durante mais de uma hora e meia. Mesmo assim, qualquer um pode aprender a sentar na posição do meio lótus, embora no início isso possa parecer um pouco doloroso, de algum modo. Mas depois de algumas semanas de prática, a postura vai se tornando cada vez mais relativamente confortável. No período inicial, quando a dor pode incomodar, alterne a posição das pernas ou mude para outra postura sentada. Se a pessoa se senta na posição de lótus ou de meio lótus, é necessário sentar-se sobre uma almofada, para que os joelhos toquem o chão. Os três pontos de contato com o chão dessa postura fazem com que esta seja uma postura extremamente estável.

Mantenha suas costas eretas. Isso é muito importante. O pescoço e a cabeça devem estar alinhados com a coluna vertebral; ambos devem estar eretos, mas não rígidos, feito um pedaço de pau. Mantenha os olhos focados cerca de um metro ou dois diante de você. Se puder mantenha um ar sorridente.

Agora comece a seguir sua respiração e a relaxar todos os seus músculos. Concentre-se em manter sua coluna ereta e em seguir sua respiração. No mais, relaxe. Solte tudo. Se quiser relaxar os músculos faciais tensos de preocupação, permita que um ar sorridente brote em sua face. Logo que um esboço de sorriso surge, todos os músculos do rosto começam a relaxar. Quanto mais o ar sorridente for mantido, tanto melhor. É o mesmo sorriso que você vê no rosto de Buda.

Coloque a palma da sua mão esquerda, virada para cima, sobre a palma da sua mão direita. Deixe tudo para lá. Seja como as plantas aquáticas que fluem na correnteza, mas permanecem imóveis por baixo da superfície da água do leito do rio. Não se prenda a nada, exceto a sua respiração e ar sorridente.

Para os iniciantes, o melhor é meditar sentado não mais do que 20 ou 30 minutos. Durante esse tempo você pode logo obter o descanso total. A técnica para conseguir esse descanso se apoia em duas coisas: observar a respiração e abrir mão de tudo o mais. Relaxe cada músculo do seu corpo. Depois de 15 minutos aproximadamente é possível alcançar uma tranquilidade profunda, cheia de paz interior e de alegria. Mantenha esta paz e tranquilidade.

Tem gente que vê meditação como um trabalho árduo e quer que o tempo passe logo para descansar em seguida. Pessoas assim ainda não sabem como sentar-se. Se você sentar corretamente poderá encontrar, ali mesmo na postura sentada, o relaxamento total e a paz. Geralmente ajuda meditar na imagem de um seixo sendo jogado dentro de um rio.

Como é que a imagem do seixo pode ajudar alguém? Sente-se em qualquer posição, que seja mais adequada para você, a postura de meio lótus ou de lótus, com as costas eretas, e com um ar sorridente no rosto. Respire lenta e profundamente, seguindo cada respiração, tornando-se uno com a respiração. Em seguida, deixe tudo para lá. Imagine-se como um seixo que foi jogado num rio. O seixo afunda na água sem esforço. Desapegado de tudo, o seixo cai percorrendo a menor distância possível, e finalmente chega ao chão, o ponto do descanso perfeito. Você é como um seixo que permitiu-se cair no rio, deixando tudo para lá. No centro do seu ser está sua respiração. Você não precisa saber o tempo que leva antes de alcançar o ponto de descanso total na cama de areia fina debaixo d'água. Quando você se sentir descansando como um seixo que alcançou o leito do rio, este é o ponto em que você começa a encontrar o seu próprio repouso. Você deixa de ser puxado ou empurrado pelas coisas.

Se você não consegue encontrar paz e alegria nesses momentos sentado em meditação, então o próprio futuro irá somente fluir como um rio, você não será capaz de detê-lo e tampouco será capaz de viver o futuro quando ele se tornar presente. Paz e alegria são paz e alegria possíveis aqui neste momento sentado em meditação. Se você não consegue encontrá-las neste momento, não as encontrará em nenhum outro lugar. Não corra atrás dos seus pensamentos como uma sombra segue os seus objetos. Não corra atrás dos seu pensamentos. Encontre paz e alegria neste exato momento.

Este momento é seu. Este lugar onde você está sentado é o seu próprio lugar. É aqui neste lugar e neste exato momento que você pode se tornar iluminado. Você não precisa se sentar sob uma árvore especial, numa terra distante. Pratique desse modo por alguns meses, e você vai começar a experimentar um deleite profundo e renovador.

Sua facilidade de permanecer sentado depende do quanto você pratica diariamente a atenção plena, se muito ou pouco; e depende também da regularidade com que você se senta para meditar. Sempre que possível, reúna os amigos ou parentes e organize uma hora da noite para sentar-se em meditação, digamos das 22 às 23 horas. Quem quiser poderá vir sentar por meia hora, ou até mesmo uma hora inteira.

ATENDER A MENTE COM CONSCIÊNCIA

Alguém bem que poderia perguntar: O relaxamento é o único objetivo da meditação? De fato, o objetivo da meditação é muito mais profundo do que isso. Embora o relaxamento seja um ponto de partida necessário, uma vez que a pessoa tenha experimentado o relaxamento, é possível realizar um coração tranquilo e uma mente clara. Tornar reais um coração tranquilo e uma mente clara significa ter avançado no caminho da meditação.

É claro que para termos domínio de nossas mentes e acalmar os nossos pensamentos temos que praticar também atendendo conscientemente os sentimentos e as percepções. Para dominar a mente você deve praticar atenção plena da mente. Você tem que saber observar e reconhecer a presença de cada um dos seus sentimentos e pensamentos no momento em que eles surgem. O Mestre Zen Thuong Chieu escreveu: "Se o praticante conhecer de forma translúcida a própria mente, alcançará resultados com pouco esforço. Mas se não souber coisa alguma sobre sua própria mente, todo esforço dispendido será desperdiçado". Se quiser conhecer a própria mente, só há um jeito: observe e reconheça tudo sobre ela. Isso deve ser feito o tempo todo, no dia a dia, e não menos do que durante a hora dedicada à meditação.

Durante a meditação, vários sentimentos e pensamentos podem surgir. Se você não pratica a atenção plena da respiração, esses pensamentos vão logo lhe seduzir e afastar da atenção plena. Mas a respiração não é apenas um meio pelo qual você afugenta esses pensamentos e sentimentos. Respirar continua sendo o veículo que une corpo e mente e abre o portão para a sabedoria. Quando um sentimento ou pensamento surgem, sua intenção não deve ser de afugentá-los, mesmo que ao continuar concentrado na respiração o sentimento e pensamento passem naturalmente pela mente. A intenção não é a de afugentá-los, odiá-los, preocupar-se com eles, ou ficar aterrorizado por eles. Então, o que exatamente você deve fazer com relação a estes sentimentos e pensamentos? Simplesmente reconheça a presença deles. Por exemplo, quando um pensamento de tristeza surgir, reconheça-o imediatamente: "Um sentimento de tristeza acabou de surgir em mim". Se o sentimento de tristeza continuar, continue reconhecendo-o: "Um sentimento de tristeza continua em mim". Se houver um pensamento do tipo "É tarde, mas os vizinhos certamente estão fazendo muito barulho", reconheça que este pensamento surgiu. Se o pensamento continuar existindo, continue reconhecendo-o. Se surgir um sentimento diferente ou um pensamento diferente reconheça-os da mesma maneira. O ponto fundamental é impedir que qualquer sentimento ou pensamento surjam sem serem reconhecidos com atenção plena, como um vigilante do palácio que está consciente de todo rosto que atravessa pelo corredor da frente.

Se não houver sentimentos ou pensamentos presentes, então reconheça a ausência de sentimentos e pensamentos no presente. Praticar desse modo significa tornar-se consciente dos seus sentimentos e pensamentos. Você logo irá tomar posse da sua mente. É possível juntar os métodos da atenção plena da respiração com a dos sentimentos e pensamentos.

O GUARDA OU A SOMBRA DO MACACO?

Enquanto pratica a atenção plena, não fique dominado pela distinção entre o bem e o mal, criando desse modo uma batalha dentro de si mesmo.

Toda vez que surgir um pensamento saudável, reconheça-o: "Um pensamento saudável acabou de surgir". E se surgir um pensamento prejudicial, reconheça-o também:

"Um pensamento prejudicial acabou de surgir". Não permaneça nele nem tente se livrar dele, independentemente do quanto você desgosta dele. Basta reconhecê-lo. Se você partiu, então deve saber que partiu, e se você ainda está lá, saiba que ainda está lá. Quando tiver alcançado tamanha consciência não haverá mais o que temer.

Quando mencionei o guarda no portão imperial, talvez você tenha imaginado um corredor frontal com duas portas, uma de entrada e outra de saída, com sua mente sendo o guarda. Qualquer sentimento ou pensamento que entram, você está consciente da entrada deles, e quando vão embora, você está consciente de que foram embora. Mas tem uma falha nesta imagem: ela sugere que aqueles que entram e saem pelo corredor são diferentes do guarda. De fato, nossos pensamentos e sentimentos somos nós mesmos. Eles são partes de nós. Há uma tentação de os considerarmos, ou ao menos alguns deles, como sendo uma força inimiga tentando perturbar a concentração e compreensão da nossa mente. Mas na realidade, quando estamos raivosos, *nós mesmos* somos a raiva. Quando estamos felizes, *nós mesmos* somos a felicidade. Quando temos certos pensamentos, *nós somos aqueles pensamentos*. Nós somos ambos o guarda e o visitante simultaneamente. Somos ambos, a mente e o observador da mente. Portanto, afugentar ou permanecer em qualquer pensamento não é a coisa mais importante. O mais importante é estar consciente do pensamento. Esta observação não é uma objetificação da mente: ela não estabelece uma distinção entre sujeito e objeto. Mente não se agarra à mente, mente não tenta livrar-se da mente. A mente só consegue observar a si mesma. Esta observação não é uma observação de algum objeto externo e independente do observador.

Lembre-se do Koan do Mestre Zen Bach Na, que perguntou: "Qual é o som de uma mão batendo palmas?" Ou tome como exemplo o sabor que a língua experimenta: O que separa o sabor da papila gustativa? A mente experimenta a si mesma diretamente dentro de si. Isso tem uma importância especial, e por isso, no Sutra da Atenção Plena, Buda sempre usa a frase: "Consciência do sentimento no sentimento, consciência da mente na mente". Alguns disseram que Buda usou esta frase para enfatizar as palavras sentimento e mente, mas eu não acho que eles realmente compreenderam a intenção de Buda. Consciência do sentimento no sentimento é ter consciência do sentimento diretamente no momento em que se experimenta o sentimento; e certamente não é a contemplação de alguma imagem de sentimento criada para dar ao sentimento uma existência objetiva própria, separada, fora da pessoa. Palavras descritivas fazem a frase soar como um enigma ou paradoxo, ou um trocadilho linguístico: *ter consciência do sentimento no sentimento significa que a mente está consciente de estar dando atenção à mente.* Na objetividade do método científico, o observador examina algo exterior a ele, mas este não é o método da meditação. Portanto a imagem do guarda e do visitante não ilustra adequadamente o método de atender a mente com consciência.

A mente é como um macaco pulando de galho em galho através da floresta, diz o Sutra. Para não perdermos de vista o macaco devido a algum movimento súbito, devemos observá-lo constantemente e até mesmo ser uno com ele. Mente contemplando mente é como o objeto e sua sombra – o objeto não pode se livrar da sombra. Os dois são um. Onde quer que ela vá, a mente continua numa armadura mental. O Sutra às vezes usa a expressão "amarrar o macaco", ao se referir à tomada de posse da mente. Mas a imagem do macaco é apenas uma forma de expressão. Quando a mente está consciente de si mesma, de maneira direta e contínua, deixará de ser como um macaco. Não existe duas mentes, uma que pula de galho em galho e outra que persegue o macaco para amarrá-lo com uma corda.

A pessoa que pratica meditação geralmente espera compreender sua própria natureza a fim de despertar. Mas se estiver apenas começando, não espere até "compreender sua própria natureza". Melhor ainda, não espere por coisa alguma. Mais especificamente, não espere ver Buda ou qualquer versão da "realidade suprema" quando estiver sentado em meditação.

Nos primeiros seis meses tente apenas desenvolver o seu poder de concentração para criar uma tranquilidade interna e alegria serena. Você vai varrer a ansiedade, vai desfrutar do descanso e acalmar a mente. Você ficará revigorado e obterá uma visão mais clara e mais ampla das coisas, e aprofundará e fortalecerá o amor dentro de si. Você será capaz de responder de uma forma mais proveitosa a todos à sua volta.

Sentar em meditação nutre o seu espírito e nutre o seu corpo também. Através da prática de sentar em meditação, nosso corpo entra em harmonia, sente-se mais leve e mais em paz. O caminho desde observar sua mente até compreender sua própria natureza não será muito árduo. Quando você for capaz de silenciar sua mente, quando os seus sentimentos e pensamentos não mais lhe perturbarem, nesse momento sua mente começará a habitar a mente. Sua mente se apossará da mente de uma forma direta e inconcebível, que não mais diferencia entre sujeito e objeto. Ao beber uma xícara de chá, a aparente distinção entre aquele que bebe e o chá sendo bebido se evapora. Beber uma xícara de chá se torna uma experiência direta inconcebível, em que a distinção entre sujeito e objeto deixa de existir.

Mente dispersa também é mente, tal como as ondas que encrespam a água também são água. Quando a mente se apossa da mente, a mente deludida se torna uma mente verdadeira. A mente verdadeira é o nosso verdadeiro eu, é Buda: a pura unidade que não pode ser separada pelas divisões ilusórias de "eus" separados, criados pelos conceitos e pela linguagem. Mas eu não quero falar muito sobre isso.

Thich Nhat Hanh "convidando" o sino a soar durante um retiro de verão em Plum Village, no verão de 2009. "Eu escuto, eu escuto este som maravilhoso, que me traz de volta ao meu verdadeiro lar".

Thich Nhat Hanh dando uma pausa para apreciar os campos e o som do sino durante uma caminhada meditativa em um retiro da atenção plena, na universidade de Nottingham, Reino Unido, em 2010.

Peace begins with your lovely smile

Trad.: A paz começa com o seu sorriso encantador.

5

Um é tudo, tudo é um:
os cinco agregados

Permita-me dedicar algumas linhas aqui para falar sobre os métodos que você poderá usar para libertar-se de visões estreitas e alcançar o destemor e a grande compaixão. Esses métodos são as contemplações sobre interdependência, impermanência e compaixão.

Quando estiver sentado em meditação, depois de ter tomado posse da sua mente, você pode direcionar sua concentração para contemplar a natureza interdependente de certos objetos. Essa meditação *não* é uma reflexão discursiva sobre a filosofia da interdependência. É uma penetração da mente no interior da própria mente, usando o poder da concentração para revelar a real natureza do objeto sendo contemplado.

Lembre-se de uma verdade simples e antiga: o sujeito do conhecimento não pode existir independentemente do objeto do conhecimento. Compreender significa compreender algo. Ouvir significa ouvir algo. Estar com raiva significa estar com raiva de algo. Ter esperança significa ter esperança de algo. Pensar significa pensar sobre algo. Quando o objeto do conhecimento [o algo] não está presente, não pode haver sujeito do conhecimento. O praticante medita sobre a mente e, ao fazer isso, é capaz de compreender a interdependência entre o sujeito do conhecimento e o objeto do conhecimento. Então, ao praticarmos respirando com atenção plena, o conhecimento da respiração é mental. Quando praticamos a atenção plena do corpo, o conhecimento do corpo é mental. Quando praticamos a atenção plena dos objetos fora de nós, o conhecimento desses objetos também é mental. Portanto, a contemplação da natureza interdependente de todos os objetos também é uma contemplação da mente.

Todo objeto da mente é, em si mesmo, mente. No budismo, nós chamamos estes objetos mentais de darmas. Os darmas estão agrupados em cinco categorias:

1) Formas físicas e corporais

2) Sentimentos

3) Percepções

4) Funcionamento mental

5) Consciência

Essas cinco categorias são chamadas de *os cinco agregados*. A quinta categoria, consciência, entretanto, contém todas as outras categorias e é o início fundamental de suas existências.

Contemplar a interdependência é observar profundamente todos os darmas com o intuito de penetrar suas verdadeiras naturezas, e vê-los como partes do grande corpo da realidade, a fim de compreender que o grande corpo da realidade é indivisível, não pode ser cortado em pedaços com existências próprias separadas.

O primeiro objeto de contemplação é a nossa própria pessoa, a reunião dos cinco agregados em nós mesmos. Você contempla sobre os cinco agregados que compõem você aqui e agora mesmo.

Você fica consciente da presença da sua forma corpórea, sentimento, percepção, funcionamento mental e consciência. Você observa estes "objetos" até ver que cada um deles tem uma conexão estreita com o seu mundo externo: se o mundo não existisse, então a reunião dos cinco agregados também não poderia existir.

Considere o exemplo da mesa. A existência da mesa é possível graças à existência de coisas que poderíamos chamar de "o mundo que não é mesa": a floresta de onde a madeira cresceu e foi cortada, o carpinteiro, o minério de ferro que se tornou pregos e parafusos e muitas outras coisas que têm relação com a mesa, os pais e ancestrais do carpinteiro, o sol e a chuva que possibilitam as árvores crescerem.

Se você apreende a realidade da mesa, então você compreende que na própria mesa estão presentes todas aquelas coisas que nós normalmente pensamos nelas como sendo "o mundo que não é mesa". Se você retirasse todos os elementos que não são mesa e os retornassem às suas fontes – os pregos ao minério de ferro, a madeira à floresta, o carpinteiro aos pais dele – a mesa deixaria de existir.

A pessoa que olha para uma mesa e consegue ver o universo é uma pessoa que compreende o caminho. Você medita na reunião dos cinco agregados em você da mesma maneira. Você medita neles até que seja capaz de ver a realidade una em seu próprio eu, e possa compreender que sua própria vida e a vida do universo é uma. Se os cinco agregados retornarem às fontes deles, o eu deixa de existir. A cada segundo, o mundo nutre os cinco agregados. O eu não é diferente da reunião dos cinco agregados. A reunião dos cinco agregados desempenha também um papel crucial na formação, criação e destruição de todas as coisas do universo.

LIBERTAÇÃO DO SOFRIMENTO

As pessoas normalmente dividem a realidade em compartimentos, e por isso são tão incapazes de ver a interdependência de todos os fenômenos. Ver o um no todo e o todo no um é quebrar a grande barreira que estreita a percepção da realidade, uma barreira que o budismo chama de apego à falsa visão do eu.

Ter apego à falsa visão de um eu significa acreditar na presença de entidades imutáveis que existem por si sós. Romper com esta falsa visão significa libertar-se de todo o tipo de medo, de dor e ansiedade. Quando o Bodisatva Quan the Am, que tem sido uma grande fonte de inspiração aos trabalhadores da paz no Vietnã, penetrou a realidade dos cinco agregados dando surgimento à vacuidade do Eu, ele se libertou de todo sofrimento, dor, dúvida e raiva. O mesmo se aplicaria a todas as pessoas. Se nós contemplarmos os cinco agregados de uma forma perseverante e diligente, nós também seremos libertados do sofrimento, do medo e pavor.

Nós temos que despir todas as barreiras a fim de viver como parte da vida universal. A pessoa não é uma entidade privada que se move sem ser afetada, pelo tempo e espaço, como se estivesse hermeticamente selada do resto do mundo por uma concha grossa. Viver por 100 ou 100.000 vidas selado desse jeito, além disso não ser vida, é impossível. Uma multiplicidade de fenômenos estão presentes em nossas vidas, do mesmo modo que estamos presentes em muitos fenômenos diferentes. Nós somos vida e a vida é ilimitada. Talvez pudéssemos dizer que só estamos vivos quando vivemos a vida do mundo, e, portanto, vivemos os sofrimentos e alegrias dos outros. O sofrimento dos outros é o nosso próprio sofrimento, e a felicidade dos outros é nossa própria felicidade. Se nossas vidas não têm limites, a reunião dos cinco agregados, que compõem o nosso eu, também não tem limites. O caráter impermanente do universo, os sucessos e fracassos da vida não podem mais nos manipular. Tendo visto a realidade da interdependência e penetrado profundamente nessa realidade, nada mais poderá nos oprimir. Você está liberto. Sente-se numa postura de lótus, observe sua respiração e pergunte àquele que morreu pelos outros.

A meditação na interdependência deve ser praticada constantemente, não só quando estivermos sentados, mas como parte integrante do nosso envolvimento em todas as tarefas cotidianas. Devemos aprender a ver que a pessoa diante de nós somos nós mesmos, e que nós somos aquela pessoa. Devemos ser capazes de compreender o processo de intergeração e interdependência de todos os eventos, tanto aqueles que estão acontecendo quanto os que vão acontecer.

UM PASSEIO NAS ONDAS DO NASCIMENTO E MORTE

Eu não posso deixar de falar no problema da vida e da morte. Gente jovem e de todo o tipo chega aqui para servir os outros e trabalhar pela paz, totalmente por amor pelos que estão sofrendo. Esses jovens estão conscientes do fato de que a questão mais importante é a questão da vida e da morte, mas geralmente não compreendem que vida e morte são apenas duas faces de uma realidade. Quando compreendermos isso teremos a coragem de encontrar ambas.

Quando eu tinha apenas 19 anos, um monge mais velho me incumbiu de meditar na imagem de um cadáver no cemitério. Mas eu achei muito difícil aceitar essa meditação e resisti. Agora não me sinto mais desse jeito. Naquele tempo eu pensava que uma meditação como essa deveria ser destinada aos monges mais velhos. Mas desde então, eu vi muitos soldados jovens deitados imóveis um do lado do outro, alguns com apenas 13, 14, 15 anos de idade. Eles não estavam preparados ou prontos para morrer. Agora compreendo que se a pessoa não souber morrer, dificilmente poderá saber viver – porque a morte faz parte da vida. Faz dois dias somente que Mobi me disse que achava que 21 anos era suficiente para se meditar em um cadáver. Ela mesma tinha acabado de completar 21 anos.

Temos que olhar o rosto da morte, reconhecê-lo e aceitá-lo, tal como nós olhamos e aceitamos a vida.

O Sutra budista sobre consciência plena fala sobre meditar em um cadáver. Meditar sobre a decomposição do corpo, sobre como o corpo incha e fica roxo, como é comido por vermes até que apenas pedaços de carne e sangue ainda se grudem aos ossos, meditar até o ponto onde restam somente ossos brancos, que por sua vez vão sendo lentamente corroídos e se transformam em pó. Meditar desse modo, sabendo que o seu corpo passará pelo mesmo processo. Meditar num cadáver até que você esteja calmo e em paz, até que sua mente e coração estejam leves e tranquilos e um sorriso brote no seu rosto. Desse modo, tendo superado a repugnância e o medo, a vida será vista como infinitamente preciosa, valendo a pena ser vivida em cada segundo dela. Mas não é apenas a nossa própria vida que deve ser reconhecida como sendo preciosa, mas a vida de cada uma das pessoas, de qualquer outro ser, qualquer outra realidade. Não podemos mais nos deludir com a ideia de que a destruição da vida dos outros é necessária para nossa própria sobrevivência.

Vemos que vida e morte são apenas duas faces da Vida e que, sem ambas essas faces, a Vida não é possível, tal como os dois lados de uma moeda são necessários para que a moeda exista. Somente agora é possível elevar-se acima do nascimento e da morte, e saber como viver e como morrer. O Sutra diz que os Bodisatvas que penetraram a realidade da interdependência ultrapassaram as visões estreitas, e foram capazes de ingressar no nascimento e na morte como alguém que passeia num pequeno barco sem ser submerso ou afogado pelas ondas do nascimento e da morte.

Tem gente que diz que você se tornará um pessimista se ver a realidade com olhos de um budista. Mas pensar em termos de pessimismo ou otimismo simplifica demais a verdade. A questão é ver a realidade como ela é. Uma atitude pessimista não poderá jamais criar o sorriso calmo e sereno que desabrocha nos lábios dos Bodisatvas e de todos os outros que alcançaram o Caminho.

Thich Nhat Hanh sentado sob uma ameixeira em flor que deu nome à Plum Village [Aldeia das Ameixas].

Breathe

you are alive

Trad.: Respire, você está vivo.

6

A amendoeira em seu jardim

Eu falei sobre a contemplação da interdependência. É claro que, na busca da verdade, todos os métodos devem ser olhados como meios, não como fins em si mesmos ou como uma verdade absoluta. O propósito de meditar na interdependência é o de remover as falsas barreiras da discriminação para que a pessoa possa entrar na harmonia universal da vida. O objetivo desta meditação não é produzir um sistema filosófico, uma filosofia da interdependência. Em seu romance *Sidarta*, Herman Hess ainda não compreendia isso; por isso o Sidarta dele fala sobre a filosofia da interdependência em palavras que nos parecem um pouco ingênuas. O autor oferece um retrato da interdependência onde tudo está inter-relacionado, um sistema onde erro algum pode ser encontrado: tudo deve se encaixar dentro do sistema perfeitamente seguro de dependência mútua; um sistema em que não se pode considerar o problema da libertação neste mundo.

De acordo com a compreensão de nossa tradição, a realidade tem três naturezas: a imaginação, a interdependência e a natureza da perfeição suprema. Primeiro se considera a interdependência. Devido à deslembrança e preconceitos, nós geralmente mascaramos a realidade com um véu de falsas visões e opiniões. Isso significa ver a realidade através dos olhos da imaginação. Imaginação é uma ilusão da realidade que concebe a realidade como uma reunião de pedacinhos de entidades e "eus" separados. Para avançar, o praticante medita sobre a natureza da interdependência ou no inter-relacionamento dos fenômenos no processo de criação e destruição. A reflexão é uma forma de contemplação, e não os fundamentos de uma doutrina filosófica. Se alguém se agarrar apenas a um sistema de conceitos, somente ficará preso. A meditação na interdependência tem o intuito de ajudar o praticante a penetrar a realidade para ser uno com ela, e não para ficar aprisionado numa opinião filosófica ou métodos de meditação. A jangada é para ser usada para cruzar o rio, e não para ser carregada em seus ombros. O dedo que aponta para a lua não é a própria lua.

Finalmente, a pessoa prossegue até a natureza da perfeição suprema – a realidade livre de todas as falsas visões produzidas pela imaginação. Realidade é realidade. Ela transcende todo conceito. Não há conceito que possa descrevê-la de forma adequada, nem mesmo o conceito da interdependência. Para garantir que alguém não se apegue a um conceito filosófico, nosso ensinamento fala sobre as três não naturezas com o intuito de impedir que o indivíduo fique aprisionado na doutrina das três naturezas. A essência do ensinamento budista Mahayana se baseia nisso.

Quando percebe a realidade em sua natureza de suprema perfeição, o praticante alcança um nível de sabedoria chamado de mente não discriminativa – uma comunhão maravilhosa onde não se faz mais qualquer distinção entre sujeito e objeto. Este não é um estado distante, inatingível. Qualquer um de nós – persistindo e praticando um pouco – pode ao menos prová-lo. Eu tenho, sobre minha mesa, um monte de formulários de órfãos pedindo patrocínio[3]. Eu traduzo alguns formulários por dia. Antes de começar a traduzir uma página, eu olho nos olhos da criança da foto e observo detalhadamente as feições e expressão daquela criança. Eu sinto um elo profundo entre eu e cada criança, que me permite entrar em grande comunhão com ela. No momento em que escrevo isso para você, compreendo que a comunhão que eu experimentava naqueles momentos e horas em que traduzia frases simples dos formulários era um tipo de mente não discriminativa. Eu não vejo mais um "eu" que traduzia os formulários para ajudar cada criança, eu não vejo mais uma criança que recebia amor e ajuda. A criança e eu somos um: ninguém tem piedade, ninguém pede ajuda e ninguém ajuda. Não há tarefa nem trabalho social a ser feito, nem compaixão, nem sabedoria especial. Esses são momentos da mente não discriminativa.

---

3. A Delegação Vietnamita da Paz Budista realizou um programa de apoio financeiro às famílias vietnamitas que assumiram os órfãos. Nos Estados Unidos, o patrocinador contribuía com US$ 6 por mês para a família do órfão que ele estava ajudando.

Quando a realidade é experimentada em sua natureza de perfeição suprema, uma amendoeira, que pode estar em seu jardim, revela sua natureza de perfeita totalidade. A própria amendoeira é verdade, realidade, o seu próprio eu. De todas as pessoas que passaram pelo seu jardim, quantas delas realmente viram esta amendoeira? O coração de um artista pode ser mais sensível; e é possível que seja capaz de ver a árvore de uma maneira mais profunda do que muita gente. Por ter um coração mais aberto, já há uma certa comunhão entre o artista e a árvore. O que conta é o seu próprio coração. Se o seu coração não estiver nublado por falsas visões, você será capaz de entrar naturalmente em comunhão com a árvore. A amendoeira estará pronta para se revelar a você em sua totalidade perfeita. Ver a amendoeira é ver o Caminho. Quando pediram a um mestre zen que explicasse a maravilha da realidade, ele apontou para uma árvore cipreste e disse: "Olhem para a árvore cipreste acolá".

A VOZ DA MARÉ CRESCENTE

Quando sua mente está liberta o seu coração se inunda de compaixão: compaixão por si mesmo, por ter atravessado sentimentos imensuráveis, por ainda não ter sido capaz de se aliviar das falsas visões, do ódio, da ignorância, e raiva; e compaixão pelos outros por eles ainda não terem compreendido e, por conseguinte, ainda estarem aprisionados em falsas visões, ódio e ignorância e continuarem a criar sofrimento para eles mesmos e para os outros. Agora você olha para si mesmo e para os outros com olhar compassivo, como um santo que ouve o grito de cada criatura do universo e cuja voz é a voz de cada uma das pessoas que compreendeu a realidade em sua totalidade perfeita. Como um Sutra budista ouve a voz do Bodisatva da compaixão:

> *A voz maravilhosa, a voz daquele que atende os clamores do mundo*
> *A nobre voz, a voz da maré crescente superando todos os sons do mundo*
> *Deixe nossa mente entrar em sintonia com essa voz.*
> *Ponha de lado todas as dúvidas e medite na natureza pura e sagrada do observador dos clamores do mundo,*
> *Pois essa é a nossa confiança em situações de dor, angústia, calamidade e morte.*
> *Perfeito em todos os méritos, contemplando com olhos compassivos todos os seres sencientes, tornando ilimitado o oceano de bênçãos*
> *Diante dele, devemos nos curvar.*

Pratique olhar todos os seres com olhos compassivos; essa meditação é chamada de "meditação da compaixão".

A meditação da compaixão deve ser realizada nas horas em que você senta para meditar e durante todo tempo em que prestar serviços aos outros. Não importa onde você esteja indo nem onde esteja sentado, lembre-se do chamado sagrado: "Veja todos os seres com olhos compassivos".

Há muitos assuntos e métodos de meditação, são tantos que eu jamais poderia descrever todos eles para nossos amigos. Eu apenas mencionei aqui alguns métodos, simples porém básicos. Um militante da paz é como qualquer outra pessoa. Ele ou ela deve viver a própria vida. Trabalhar é somente uma parte da vida. Mas trabalho é vida somente quando feito em atenção plena. Senão a pessoa se torna um morto-vivo – isto é, "alguém que vive como se morto estivesse". Nós precisamos acender nossa própria tocha para continuar. Mas a vida de cada um de nós está conectada à vida dos que estão à nossa volta. Se soubermos viver em estado de atenção plena, se soubermos preservar e cuidar da nossa própria mente e coração, então, graças a isso, nossos irmãos e irmãs também saberão viver em estado de atenção plena.

A MEDITAÇÃO REVELA E CURA

Sentado em meditação, nosso corpo e mente podem estar em paz e totalmente relaxados. Mas esse estado de paz e relaxamento é fundamentalmente diferente do estado mental preguiçoso e semiconsciente que a pessoa se encontra quando está cochilando e descansando. Sentar-se nesse estado preguiçoso e semiconsciente é como sentar-se numa caverna escura e está longe de ser atenção plena. No estado de atenção plena a pessoa não está somente descansada e feliz, mas alerta e desperta. Meditação não é um subterfúgio, é um encontro sereno com a realidade. A pessoa que pratica a atenção plena não deve estar menos desperta do que o motorista de um carro; se não estiver desperto, o praticante será possuído por dispersão e deslembrança, e tal como um motorista letárgico estará propenso a causar um grave acidente. Esteja tão atento quanto alguém andando sobre pernas de pau – qualquer passo em falso pode fazê-lo cair. Seja como um cavaleiro medieval andando desarmado numa floresta de espadas. Seja como um leão, avançando com passos lentos, gentis e firmes. Somente com esse tipo de vigilância você pode realizar o estado totalmente desperto.

Aos iniciantes eu recomendo o método de simplesmente reconhecer, reconhecer sem julgar. Sejam os sentimentos de compaixão ou de irritação todos eles devem ser bem-vindos, reconhecidos e tratados em base absolutamente igual: porque ambos somos nós. A tangerina que estou comendo sou eu. As folhas de mostarda que estou plantando sou eu. Eu planto com todo o meu coração e mente. Eu limpo esta chaleira com o tipo de atenção que eu teria se estivesse dando um banho no bebê-Buda ou no bebê-Jesus. Nenhuma coisa deve ser tratada de forma mais cuidadosa do que outra. No estado de atenção plena a compaixão, a irritação e a folha verde de mostarda são todas sagradas.

Quando estamos possuídos por uma tristeza, uma ansiedade, um ódio ou uma paixão ou o que quer que seja, o método de simplesmente observar e reconhecer parece ser difícil de ser praticado. Se assim for, medite em um objeto fixo usando o seu próprio estado mental como assunto de meditação. Essa meditação revela e cura. Sob o olhar da concentração e meditação a tristeza ou ansiedade, o ódio ou paixão revelam a sua própria natureza – uma revelação que leva naturalmente à cura e emancipação. A tristeza ou qualquer outra coisa que tenha causado dor podem ser usadas como meios de libertação do tormento e sofrimento – é como usar um espinho para remover um espinho. Nós devemos tratar nossa ansiedade, nossa dor, nosso ódio e paixão com gentileza, com respeito, e não com resistência, mas vivendo-os e nos pacificando com eles, penetrando sua natureza através da meditação na interdependência. A pessoa rapidamente aprende a escolher tópicos de meditação que se adequam à situação. Tópicos de meditação como a interdependência, a compaixão, *self*, vacuidade, desapego – todos eles pertencem às categorias de meditação que têm o poder de revelar e curar.

A meditação nesses tópicos, entretanto, só pode ser bem-sucedida se tivermos desenvolvido um certo poder de concentração, um poder alcançado através da prática da atenção plena na vida cotidiana, da observação e reconhecimento de tudo o que está acontecendo. Mas os objetos de meditação devem ser realidades que têm verdadeiras raízes dentro de nós – não apenas objetos de especulação filosófica. Cada um deles deve ser como um tipo de comida que deve ser cozinhada em fogo alto por muito tempo. Nós colocamos a comida numa panela, a tampamos e acendemos o fogo. A panela somos nós e o calor usado para cozinhar é o poder da concentração. O combustível vem da prática contínua da atenção plena. Sem calor suficiente o alimento nunca estará cozinhado.

Mas quando cozido, o alimento revela sua verdadeira natureza e serve para nos guiar à libertação.

A ÁGUA MAIS LÍMPIDA, A GRAMA
MAIS VERDE

Uma vez Buda disse que o problema da vida e da morte é em si um problema da atenção plena. Se a pessoa está ou não está viva, isso depende de ela estar ou não consciente. No Sutra Samyutta Nikaya, Buda conta uma história que aconteceu num pequeno vilarejo:

Uma dançarina famosa tinha acabado de chegar num vilarejo e as pessoas estavam se aglomerando nas ruas para conseguir vê-la. No mesmo instante, um criminoso condenado foi obrigado a cruzar o vilarejo carregando uma tigela cheia de óleo até a borda. Ele teve que se concentrar com todas as suas forças para manter a tigela firme, pois se um único pingo de óleo derramasse no chão, o soldado bem atrás dele tinha ordens de pegar a espada e cortar-lhe cabeça. A essa altura da história, o Buda Gautama perguntou: "Agora, você acha que nosso prisioneiro foi capaz de manter a atenção tão focada na tigela de óleo que sua mente não se desviou nem para vislumbrar a famosa dançarina na cidade, ou para entrever a multidão de aldeões causando agitação nas ruas, cada um deles podendo colidir com o prisioneiro a qualquer momento?"

Noutra ocasião Buda contou uma história que, de repente, fez-me compreender como é importante praticar a atenção plena do próprio eu – isto é, nos proteger e cuidar de nós mesmos, sem nos preocupar com a forma como os outros cuidam deles mesmos, um hábito mental que causa ressentimento e ansiedade. Buda disse: "Era uma vez dois acrobatas. O professor era um pobre viúvo e o aluno era uma menininha chamada Meda. Os dois se apresentavam nas ruas para ganhar o suficiente para comer. Eles usavam uma grande vara de bambu que o professor equilibrava no topo da cabeça, enquanto a menininha subia lentamente até o topo. E lá no topo ela permanecia, enquanto o professor continuava a caminhar pelo chão.

Ambos tinham que dedicar toda atenção para manter o equilíbrio perfeito e impedir que qualquer acidente acontecesse. Um dia o professor instruiu a aluna: 'Escute, Meda, eu vou observar você e você me observa, para que nós possamos um ajudar o outro a manter concentração e equilíbrio e impedir acidentes. Assim, nós vamos ter certeza de que ganharemos o suficiente para comer'. Mas a menininha era esperta e respondeu: 'Querido mestre, eu acho que seria melhor se cada um de nós observasse a si mesmo. Cuidar de si mesmo significa cuidar de nós dois. Desse jeito eu tenho certeza de que vamos impedir que um acidente aconteça e vamos ganhar dinheiro suficiente para comer'". Buda disse: "A criança estava certa".

Se um único membro de uma família pratica a atenção plena, a família inteira será mais atenta e consciente. Devido à presença de um membro que vive conscientemente atento, a família inteira é lembrada de viver em atenção plena. Se um único aluno de uma turma vive em atenção plena, a classe inteira é influenciada.

Em comunidades de serviço à paz devemos seguir o mesmo princípio. Não se preocupe se os que estão à sua volta não estiverem dando o melhor de si. Só se preocupe em tornar-se uma pessoa digna. Dar o melhor de si é o melhor jeito de lembrar aos que estão a seu redor a darem o melhor de si. Mas ser digno requer a prática contínua da atenção plena. Isto é certo. Somente praticando a atenção plena nós não vamos nos perder, mas sim obter uma paz e alegria radiantes. Somente praticando a atenção plena seremos capazes de olhar para qualquer pessoa com a mente aberta e olhos amorosos.

Há pouco me convidaram a tomar chá num apartamento de uma amiga que nos ajuda e que tem um piano. No momento em que Kirsten – que é holandesa – servia o meu chá, eu olhei a pilha de trabalho que ela tinha e disse: "Por que você não para um minuto de traduzir os formulários dos órfãos e toca piano para mim?" Kirsten ficou satisfeita em dar uma pausa no trabalho e sentar-se ao piano para tocar uma peça de Chopin, que ela conhecia desde criança. A peça tem muitos compassos, uns que são suaves e melódicos e outros que são explosivos e rápidos. A cadela de Kirsten estava deitada em baixo da mesinha de chá, e quando a música ficava agitada ela começava a latir e a ganir. Eu sabia que ela estava se sentindo incomodada e queria que a música parasse. A cadela de Kirsten é tratada com o amor que normalmente se dá a uma criancinha, e quem sabe até ela seja mais sensível à música do que muitas crianças? Ou talvez tenha respondido daquele jeito porque os seus ouvidos captam certas vibrações que os ouvidos humanos não captam. Kirsten continuou tocando enquanto tentava, ao mesmo tempo, consolar a cadela, mas foi em vão. Ela terminou e começou a tocar uma peça de Mozart, que era leve e harmoniosa. Agora a cadela deitou tranquilamente e parecia estar em paz. Quando Kirsten terminou, sentou-se ao meu lado e disse: "Geralmente quando eu toco uma peça de Chopin, que é um pouco alta, a cadela vem e agarra a perna da minha calça tentando me forçar a deixar o piano. Às vezes eu tenho que colocá-la do lado de fora, para que eu possa continuar tocando. Mas toda vez que eu toco Bach ou Mozart, ela fica tranquila".

Kirsten mencionou uma reportagem dizendo que no Canadá as pessoas tentavam tocar Mozart para suas plantas durante a noite. As plantas cresciam mais rápido do que o normal, e as flores se inclinavam na direção da música. Outras tocaram Mozart todos os dias nos campos de trigo e centeio, e puderam comparar que o trigo e o centeio nesses campos tinham crescido mais rapidamente do que o trigo e o centeio em outros campos.

Enquanto Kirsten falava, eu pensava nas salas de conferências onde as pessoas brigam e debatem, onde palavras raivosas e de reprovação são arremessadas para lá e para cá. Se alguém colocar flores e plantas em locais assim, as chances são que elas vão parar de crescer.

Eu pensei no jardim cuidado por um monge que vive em atenção plena. As flores dele estão sempre vicejantes e verdes, nutridas pela paz e alegria que fluem da consciência dele. Um dos patriarcas disse:

> *Quando um grande mestre nasce, as águas dos rios se tornam mais límpidas e as plantas crescem mais verdes.*

Nós deveríamos ouvir música ou sentar e praticar a respiração no início de toda reunião ou discussão.

Nos últimos anos, o anual retiro de verão em Plum Village se tornou um encontro internacional, com mais de mil participantes de mais de 40 países diferentes, que ouvem os ensinamentos de Thich Nhat Hanh e praticam meditação andando, sentados e convivendo enquanto uma comunidade.

Thich Nhat Hanh guiando uma pacífica caminhada, na cidade de Nova York, em 2009. Ele continua a nos ensinar que nós não caminhamos pela paz, mas caminhamos em paz, plantando rastros de paz. Não se trata de uma demonstração exigindo algo, mas de uma celebração de que a paz é possível a cada momento, a cada passo.

Trad.: Um Buda não basta.

7
Três respostas incríveis

Para terminar, permitam-me contar rapidamente aquela história de Tolstoy das três perguntas do imperador. Tolstoy não sabia o nome do imperador...

Um dia, veio à mente de determinado imperador que, se ele soubesse as respostas de três perguntas, ele nunca iria se perder em assunto algum.

> *Qual a melhor hora de se fazer cada uma das coisas?*
> *Quais pessoas são as mais importantes de se trabalhar junto?*
> *Qual a coisa mais importante a ser feita em todos os momentos?*

O imperador pôs em circulação um decreto anunciando, pelo seu reino, que qualquer um que conseguisse responder a essas perguntas receberia um grande prêmio. Muitos que leram o decreto foram até o palácio imediatamente, cada qual com uma resposta diferente.

Em resposta à primeira pergunta alguém aconselhou o imperador que fizesse um cronograma completo de atividades, dedicando cada hora, dia, mês e ano para certas tarefas, e depois ele devia seguir o cronograma. Só então ele poderia ter esperança de fazer todas as tarefas no momento certo.

Outra pessoa respondeu que era impossível planejar antecipadamente e que o imperador deveria colocar de lado todos as diversões fúteis e permanecer atento a tudo para saber o que fazer e quando fazer cada coisa.

Alguém mais insistiu que o imperador não poderia jamais, sozinho, ter esperança de ter toda a presciência e competência necessárias para decidir quando fazer cada tarefa e o que ele realmente precisava era de estabelecer um Conselho dos Sábios e depois agir de acordo com a recomendação deles.

Outro disse que certos assuntos requerem decisão imediata e não poderiam esperar por consultas prévias, mas se o imperador quisesse saber antecipadamente o que iria acontecer, ele deveria consultar os mágicos e profetas.

As respostas à segunda pergunta também não tiveram concordância de opiniões.

Uma pessoa disse que o imperador precisava confiar inteiramente nos administradores, outro urgiu que confiasse nos sacerdotes e monges, enquanto outros recomendaram que o imperador confiasse nos médicos; e outros ainda, que tivesse fé nos guerreiros.

A terceira questão obteve também uma variedade de respostas.

Uns disseram que a ciência era a busca mais importante. Outros insistiram que era a religião. Outros, por sua vez, afirmaram que a coisa mais importante era a habilidade militar.

O imperador não ficou satisfeito com resposta alguma, e nenhum prêmio foi concedido.

Depois de muitas noites de reflexão, o imperador resolveu visitar um eremita que vivia no alto de uma montanha, e era considerado um homem iluminado. O imperador queria encontrar o eremita e fazer as três perguntas a ele, embora soubesse que o eremita nunca saía das montanhas e era conhecido por só receber os pobres, recusando-se a ter qualquer tipo de contato com pessoas de poder e riqueza. Então o imperador se disfarçou de um humilde camponês e ordenou aos seus assistentes que o esperassem no pé da montanha, enquanto ele sozinho subisse a encosta em busca do eremita.

Ao chegar no lugar de moradia do santo homem, o imperador encontrou o eremita revolvendo a terra para fazer um jardim na frente da sua cabana. Quando o eremita viu o estranho, ele o cumprimentou balançando a cabeça e continuou trabalhando. Era óbvio que o trabalho era árduo para ele. Ele era um ancião e, toda vez que enfiava a pá no chão para revolver a terra, ele ofegava fortemente.

O imperador se aproximou dele e disse: "Eu vim aqui pedir que me ajude a responder a três perguntas: Qual a melhor hora de se fazer cada uma das coisas? Quais pessoas são as mais importantes de se trabalhar junto? Qual a coisa mais importante a ser feita em todos os momentos?"

O eremita ouviu atentamente, mas só deu uns leves tapinhas no ombro do imperador e continuou a cavar. O imperador disse: "Você deve estar cansado. Permita que eu lhe ajude". O eremita agradeceu, entregou a pá ao imperador, em seguida sentou-se no chão para descansar.

Depois de terem cavado duas covas, o imperador parou e se virou para o eremita e repetiu as três perguntas dele. O eremita continuou sem responder, e, ao invés disso, se levantou, apontou para a pá e disse: "Por que você não descansa agora? Eu posso assumir novamente". Mas o imperador continuou cavando. Uma hora se passou, depois duas. Finalmente o sol começou a se pôr por trás da montanha. O imperador deitou a pá no chão e disse ao eremita: "Eu vim aqui para lhe perguntar se você poderia me responder a três perguntas. Por favor, me responda para que eu possa voltar para casa".

O eremita levantou a cabeça e perguntou ao imperador: "Você vê alguém correndo lá adiante?" O imperador virou a cabeça. Ambos viram um homem com uma longa barba branca vindo da floresta. Ele corria descontroladamente, pressionando as mãos contra uma ferida sangrando em seu estômago. O homem correu em direção ao imperador antes de cair inconsciente no chão, onde se deitou gemendo. Ao abrir as roupas do homem, o imperador e o eremita viram que ele tinha levado um corte profundo. O imperador limpou totalmente a ferida e em seguida usou sua própria camisa para vedá-la, mas em poucos minutos o sangue ensopou a camisa completamente. Ele enxaguou a camisa e vedou o ferimento uma segunda vez e continuou fazendo isso até que o sangue tivesse estancado.

Finalmente o homem ferido recuperou a consciência e pediu um pouco de água para beber. O imperador foi correndo até o riacho e voltou trazendo uma jarra de água-doce. Nesse meio-tempo o sol tinha desaparecido e a noite começava a esfriar. O eremita ajudou o imperador a carregar o homem para dentro da cabana, onde o deitaram na cama do eremita. O homem fechou os olhos e ficou em silêncio. O imperador estava exausto após um longo dia subindo montanha e revolvendo o jardim. Encostado na porta de entrada, ele caiu no sono. Quando acordou, o sol já brilhava sobre a montanha. Por um instante ele se esqueceu de onde estava e o que tinha ido fazer ali. Ele olhou para a cama e viu o homem ferido também olhando confuso em torno dele. Quando viu o imperador, olhou fixamente para ele e depois sussurrou baixinho: "Por favor, me perdoe".

"Mas o que foi que você fez para eu lhe perdoar?", perguntou o imperador.

"O Senhor não me conhece, sua majestade, mas eu lhe conheço. Eu era um inimigo declarado seu, e tinha prometido me vingar de você, pois durante a última guerra você matou meu irmão e confiscou minha propriedade. Quando soube que você estaria subindo sozinho a montanha para se encontrar com o eremita, eu decidi que iria lhe pegar de surpresa no caminho de volta e lhe matar. Mas depois de ter esperado muito tempo, ainda não havia sinal seu, então eu decidi deixar minha emboscada para ir lhe capturar. Mas ao invés de encontrá-lo, eu me deparei com seus assistentes, que me reconheceram e me apunhalaram. Por sorte, eu fugi e corri até aqui. Se eu não tivesse lhe encontrado certamente estaria morto a uma hora dessas. Eu tinha a intenção de lhe matar, mas em vez disso você salvou minha vida! Estou envergonhado e agradecido além das palavras. Se eu viver, eu me comprometo a ser um servo seu para o resto da minha vida, e vou pedir aos meus filhos e netos que façam o mesmo. Por favor, me conceda o seu perdão."

O imperador estava radiante de ver que ele tinha se reconciliado com um antigo inimigo com tanta facilidade. Ele não só perdoou o homem, como também prometeu devolver toda a propriedade dele, e enviar o seu próprio médico e servos para cuidar dele até que estivesse completamente curado. Depois de ter dado as ordens aos seus assistentes de levarem o homem para casa o imperador voltou para ver o eremita. Antes de retornar ao palácio o imperador queria repetir as três perguntas pela última vez. Ele encontrou o eremita semeando na cova em que eles tinham revolvido no dia anterior.

O eremita se levantou e olhou para o imperador. "Mas suas perguntas já foram respondidas".

"Como assim?", o imperador questionou, intrigado.

"Se ontem você não tivesse se compadecido da minha idade e me dado uma mão revolvendo estes canteiros, você teria sido atacado por aquele homem no seu caminho de volta. Então, você iria se arrepender profundamente de não ter permanecido comigo. Portanto, o momento mais importante foi o momento de preparar os canteiros, e a pessoa mais importante fui eu, e a busca mais importante foi me ajudar. Depois, quando o homem ferido correu até aqui, os momentos mais importantes foram quando você ficou fazendo curativo na ferida dele, pois se não tivesse cuidado dele, ele teria morrido e você teria perdido a chance de se reconciliar com ele. Do mesmo modo, ele foi a pessoa mais importante, e a busca mais importante foi cuidar do ferimento dele. Lembre-se que só existe um único momento importante, que é o agora. O momento presente é o único momento sobre o qual temos domínio. A pessoa mais importante é sempre aquela com quem você está, aquela que está diante de você, pois quem sabe se você vai se relacionar com mais alguém no futuro? A busca mais importante é fazer feliz a pessoa que está do seu lado, pois só isso é a busca da vida."

A história de Tolstoy é como uma história das escrituras; ela não está aquém de nenhum texto sagrado. Nós falamos de serviço social, de servir ao povo, de servir à humanidade, servir àqueles que estão distantes, ajudar a trazer paz ao mundo – mas geralmente nos esquecemos de que, em primeiro lugar, devemos viver para as pessoas à nossa volta. Se você não consegue servir sua esposa ou marido ou filho ou pais, como irá servir a sociedade? Se você é incapaz de fazer com que o seu próprio filho seja feliz, como espera fazer outra pessoa feliz? Se todos os nossos amigos do movimento pela paz ou de serviço às comunidades de todos os tipos não tiverem amor e ajudarem uns aos outros, a quem poderemos amar e ajudar? Estamos trabalhando para outros humanos ou estamos simplesmente trabalhando em nome de uma organização?

SERVIÇO

Servir a paz. Servir qualquer pessoa necessitada. A palavra servir é tão vasta. Vamos retornar primeiro a uma escala mais modesta: nossas famílias, nossos colegas de classe, nossos amigos, nossas próprias comunidades. Devemos viver por eles – pois se não pudermos viver por eles, por quem mais podemos achar que estamos vivendo?

Tolstoy é um santo – o que nós budistas chamaríamos de um Bodisatva. Mas será que o próprio imperador foi capaz de compreender o significado e direção da vida? Como podemos viver no momento presente, viver agora mesmo com as pessoas à nossa volta, ajudando a diminuir o sofrimento delas, e tornando suas vidas mais felizes? Como? A resposta é esta: Devemos praticar a atenção plena. O princípio que Tolstoy oferece parece ser fácil. Mas se quisermos colocá-lo em prática devemos usar o método da atenção plena para buscar e encontrar o caminho.

Eu escrevi estas páginas para os nossos amigos usarem. Tem muita gente que escreveu sobre esses assuntos sem tê-los vivido. Mas eu só escrevi sobre aquilo que eu mesmo vivi e experimentei. Espero que você e seus amigos achem que tudo isso ajuda um pouco no decorrer do caminho da nossa busca: o caminho do nosso retorno.

Trad.: Isto é isto.

Exercícios de atenção plena

Eis alguns exercícios e métodos de meditação que eu geralmente uso, adaptando-os a partir de vários métodos para que se ajustem às minhas próprias circunstâncias e preferências. Selecione os que você mais gosta, e escolha o que mais se adequa a você. O valor de cada método vai variar de acordo com as necessidades únicas de cada pessoa. Embora estes exercícios sejam relativamente fáceis, eles formam os alicerces sobre os quais tudo o mais é construído.

Ar sorridente logo que acordar de manhã

Pendure um galho, qualquer símbolo, ou até mesmo a palavra "sorriso" no teto ou na parede, para que você o veja logo que abrir os olhos. Esse símbolo servirá de lembrete para você. Use os primeiros segundos antes de sair da cama para tomar posse da sua respiração. Inale e exale gentilmente três vezes, enquanto mantém o ar sorridente. Siga sua respiração.

Ar sorridente durante o tempo livre

Em qualquer lugar que você se encontre, esteja sentado ou em pé, mantenha um ar sorridente. Olhe para uma criança, uma folha, uma pintura na parede, algo que seja relativamente estático e sorria. Inale e exale tranquilamente três vezes. Mantenha um ar sorridente e considere o ponto da sua atenção como sendo sua própria natureza.

Ar sorridente enquanto ouve música

Escute uma música por dois ou três minutos. Preste atenção às palavras, à música, ao ritmo e aos sentimentos. Sorria enquanto observa suas inalações e exalações.

Ar sorridente quando estiver irritado

Quando perceber que está irritado, sorria imediatamente. Inale e exale tranquilamente, mantendo o ar sorridente por três respirações.

Relaxando na posição deitada

Deite-se de costas numa superfície plana sem o apoio de colchão ou travesseiro. Mantenha os dois braços folgadamente estendidos do seu lado, pernas levemente afastadas e estendidas à sua frente. Mantenha um ar sorridente. Inspire e expire gentilmente, mantendo sua atenção focada na sua respiração. Relaxe cada músculo do seu corpo.

Relaxe cada músculo como se ele estivesse afundando no chão, ou como se estivesse tão mole e possuído quanto um pedaço de seda pendurado para secar ao vento. Relaxe totalmente, mantendo sua atenção exclusivamente na sua respiração e ar sorridente. Pense em si mesmo como se fosse um gato, completamente relaxado próximo ao calor de uma fogueira, cuja musculatura se entrega sem resistência ao toque de qualquer pessoa. Continue por quinze respirações.

Relaxando na posição sentada

Sente-se na postura de lótus inteiro ou de meio lótus, ou de pernas cruzadas, ou sentado de joelhos sobre as duas pernas dobradas, ou mesmo sentado numa cadeira com os dois pés tocando o chão. Mantenha um ar sorridente. Inale e exale enquanto mantém um ar sorridente. Relaxe.

Respirando profundamente

Deite-se de costas. Respire de um modo gentil e uniforme, focando sua atenção no movimento do seu estômago. Quando você começa a inspirar, deixe o seu estômago subir para encher de ar a parte inferior dos pulmões. Na medida em que as partes superiores dos pulmões começam a se encher de ar, o seu peito começa a subir e o seu estômago, a descer. Não se esforce demais. Continue por dez respirações. A exalação será mais longa do que a inalação.

Medindo a respiração com os passos

Ande devagar e descontraidamente em um jardim, às margens de um rio ou no caminho de um vilarejo. Respire normalmente. Determine a extensão da sua respiração, expiração e inspiração pelo número de passos que você dá. Continue por alguns minutos. Comece a alongar sua expiração dando mais um passo. Não force para que a inalação seja mais longa. Deixe-a ser natural. Observe sua inalação cuidadosamente para ver se há um desejo de alongá-la. Continue por dez respirações.

Agora estenda a exalação por mais um passo. Observe para ver se a inalação também se prolonga por mais um passo. Somente encompride a inalação quando sentir que isso vai lhe dar prazer. Depois de vinte respirações, volte a respirar normalmente. Depois de cinco minutos aproximadamente você pode recomeçar a prática de alongar a respiração. Quando sentir o mínimo de cansaço volte ao normal. Depois de ter praticado várias sessões alongando a respiração, sua inspiração e expiração vão ficar do mesmo comprimento. Não pratique respirações longas e iguais por mais de dez ou vinte respirações antes de voltar ao normal.

Contando a respiração

Sente-se na posição de lótus ou de meio lótus, ou dê uma caminhada. Quando inalar, esteja consciente "eu estou inspirando, um". Quando expirar, esteja consciente "eu estou expirando, um". Lembre-se de respirar a partir do estômago. Quando começar a segunda inalação, esteja consciente "eu estou inspirando, dois". E ao exalar lentamente, esteja consciente "eu estou expirando, dois". Continue contando até dez. Depois que tiver chegado no dez, recomece do um. Toda vez que se perder na contagem, retorne ao um.

Seguindo a respiração enquanto ouve música

Escute uma música. Respire de forma alongada, leve e regular. Siga sua respiração, domine-a enquanto permanece consciente do movimento e sentimentos da música. Não se perca na música, mas continue a dominar sua respiração e a si mesmo.

Seguindo a respiração enquanto conversa

Respire de um modo alongado, leve e regular. Siga sua respiração enquanto escuta as palavras de um amigo e as suas próprias respostas. Continue do mesmo modo como ouvindo música.

Seguindo a respiração

Sente-se na postura de lótus ou de meio lótus ou vá caminhar. Comece a inalar gentil e normalmente [a partir do estômago] consciente de que "eu estou inspirando normalmente". Expire conscientemente: "eu estou expirando normalmente". Continue por três respirações. Na quarta respiração, estenda a inalação, consciente de que "eu estou inspirando uma longa inalação". Expire conscientemente: "eu estou expirando uma longa exalação". Continue por três respirações.

Agora siga sua respiração atentamente, ciente de cada movimento do seu estômago e pulmões. Sinta a entrada e saída do ar. Esteja consciente: "eu estou inspirando e seguindo a inspiração desde o início até o fim. Eu estou expirando e seguindo a expiração desde o início até o fim".

Continue por vinte respirações. Volte ao normal. Depois de cinco minutos, repita o exercício. Lembre-se de manter um ar sorridente enquanto respira. Quando tiver dominado este exercício vá para o próximo.

Respirando para acalmar o corpo e a mente e alegrar-se

Sente-se na postura de lótus ou de meio lótus. Mantenha um ar sorridente. Siga sua respiração. Quando o seu corpo e mente estiverem tranquilos, continue a inalar e exalar de forma muito suave e consciente: "Estou inspirando e tornando o meu corpo-respiratório leve e tranquilo". "Eu estou expirando e tornando o meu corpo-respiratório leve e tranquilo. Continue por três respirações, e conscientemente faça surgir o pensamento: "Estou inspirando e fazendo com que o meu corpo inteiro fique mais leve, tranquilo e jubiloso". Continue por três respirações, e deliberadamente pense: "Enquanto inspiro, o meu corpo e mente são a paz e a alegria. Enquanto expiro, o meu corpo e mente são a paz e a alegria".

Mantenha a atenção plena deste pensamento de cinco a trinta minutos, ou por uma hora, de acordo com sua habilidade e tempo disponível para você. O início e o fim da prática deve ser relaxado e gentil. Quando quiser parar, massageie gentilmente os seus olhos e rosto com as duas mãos e depois massageie os músculos das suas pernas antes de voltar a uma postura normal sentada. Espere um momento antes de se levantar.

Atenção plena das posições do corpo

Este exercício pode ser praticado a qualquer momento, em qualquer lugar. Comece focando a atenção na sua respiração. Respire silenciosamente e mais profundamente do que o normal. Esteja consciente da postura do seu corpo, quando você estiver andando, de pé, deitado ou sentado. Saiba onde você anda, onde você está em pé parado, onde você está deitado, onde está sentado. Esteja consciente do propósito da sua postura. Por exemplo, você pode estar consciente de estar em pé ali numa encosta verde para se refrescar, para respirar conscientemente, ou simplesmente para ficar em pé. Se não houver um propósito, esteja consciente de que não há propósito.

Atenção plena enquanto prepara um chá

Prepare um bule de chá, seja para servir a uma visita ou beber sozinho. Execute cada movimento devagar, conscientemente atento. Não deixe passar um detalhe dos seus movimentos sem estar consciente do mesmo. Saiba que sua mão está levantando o bule pela asa. Saiba que está despejando um chá fragrante e quente numa xícara. Siga cada passo com atenção. Respire gentilmente e mais profundamente do que o normal. Tome posse da sua respiração se a sua mente vaguear.

Lavando pratos

Lave os pratos de forma relaxada, como se cada tigela fosse um objeto de contemplação. Considere cada tigela como algo sagrado. Siga sua respiração para impedir que sua mente vagueie. Não tente se apressar para terminar o trabalho. Considere lavar pratos como sendo a coisa mais importante da vida. Lavar pratos é meditação. Se você não consegue lavar pratos com atenção plena, também não conseguirá meditar quando estiver sentado em silêncio.

Lavando roupas

Não lave muitas roupas de uma vez. Selecione somente três ou quatro peças de roupa. Encontre a posição mais confortável, sentada ou em pé, para impedir dor nas costas. Esfregue as roupas de um modo relaxante. Preste atenção em cada movimento das suas mãos e braços. Preste atenção ao sabão e à água. Quando tiver terminado de esfregar e enxaguar, sua mente e corpo devem se sentir tão limpos e revigorados quanto suas roupas. Lembre-se de manter um ar sorridente e se aposse da sua respiração toda vez que sua mente se dispersar.

Limpando a casa

Divida o seu trabalho em estágios: endireitar as coisas e guardar os livros, esfregar a privada, esfregar o banheiro, varrer o chão e espanar. Dedique um bom período de tempo para cada tarefa. Movimente-se devagar, três vezes mais lento do que o normal. Foque totalmente sua atenção em cada tarefa. Por exemplo: enquanto coloca um livro na estante, olhe para o livro, esteja consciente de qual livro é aquele, saiba que você está no processo de colocá-lo na estante, com a intenção de colocá-lo naquele local específico. Saiba que sua mão está se estendendo para alcançar o livro e pegá-lo. Evite qualquer movimento severo ou abrupto. Retome a atenção plena da respiração, especialmente quando os seus pensamentos vaguearem.

Um banho em câmera lenta

Permita-se passar de trinta a quarenta e cinco minutos tomando banho. Não se apresse nem por um segundo sequer. Desde o momento que prepara a água da banheira até o momento em que você veste roupas limpas, deixe que cada movimento seja suave e lento. Esteja atento a cada movimento. Traga sua atenção para cada parte do seu corpo sem discriminação ou medo. Esteja consciente da água lavando seu corpo. No momento em que tiver terminado, sua mente deverá se sentir mais leve e tranquila, como também o seu corpo. Siga sua respiração. Pense que você está numa lagoa de lótus limpa e cheirosa durante o verão.

O seixo

Enquanto estiver sentado, respirando devagar, pense que você é um seixo que foi jogado num riacho de águas claras. Enquanto afunda não há intenção de guiar o seu movimento. Afunde na direção do local de repouso total sobre a areia macia do leito do rio. Continue meditando no seixo até que sua mente e corpo estejam totalmente relaxados: um seixo descansando na areia. Mantenha esta paz e alegria por meia hora, enquanto observa sua respiração. Nenhum pensamento sobre o passado ou futuro pode lhe afastar da sua paz e alegria presentes. O universo existe neste momento presente. Nenhum desejo consegue lhe afastar desta presente paz, nem mesmo o desejo de se tornar um Buda ou o desejo de salvar todos os seres. Saiba que tornar-se um Buda e salvar todos os seres só pode ser realizado sobre os alicerces da pura paz do momento presente.

Um dia dedicado à atenção plena

Reserve um dia na semana, qualquer dia, de acordo com sua própria situação. Esqueça o trabalho que você faz nos outros dias. Não organize quaisquer reuniões nem convide amigos. Somente realize trabalhos simples, como limpar a casa, cozinhar, lavar roupas e espanar.

Quando a casa estiver limpa e arrumada e todas as coisas estiverem em ordem, tome um banho em câmera lenta. Depois prepare e beba um chá. Você poderia ler escrituras ou escrever cartas aos amigos íntimos. Depois disso, saia para caminhar respirando com a consciência atenta. Enquanto lê escrituras ou escreve cartas, mantenha a atenção plena, não deixe o texto ou a carta lhe arrastarem para outro lugar. Quando estiver lendo o texto sagrado saiba que você está lendo; enquanto escreve carta, saiba que está escrevendo. Siga o mesmo procedimento enquanto ouve música ou conversa com um amigo. Durante a noite prepare uma refeição leve, talvez apenas um pedaço de fruta ou um copo de suco de frutas. Sente em meditação por uma hora antes de ir para cama. Durante o dia, dê duas caminhadas de meia hora e quarenta e cinco minutos. Ao invés de ler antes de ir para cama, pratique o relaxamento total de cinco a dez minutos. Seja o mestre da sua respiração. Respire suavemente, de olhos fechados, seguindo o subir e descer do abdômen e do tórax – mas a respiração não deve ser muito longa. Cada movimento, durante este dia, deve ser pelo menos duas vezes mais lento do que o usual.

Contemplando a interdependência

Encontre uma foto sua de quando era criança. Sente-se na postura de lótus inteiro ou meio lótus. Comece seguindo sua respiração. Depois de vinte respirações, comece a focar sua atenção na foto à sua frente. Entretenha-se e viva novamente os cinco agregados que compunham você no tempo que a foto foi tirada: as características físicas do seu corpo, dos seus sentimentos, percepções, funcionamento mental e consciência naquela idade. Continue seguindo sua respiração. Não deixe suas memórias lhe seduzirem ou lhe dominarem. Mantenha esta meditação por quinze minutos. Mantenha um ar sorridente. Dirija sua atenção para o seu eu atual. Esteja consciente do seu corpo, sentimentos, percepções, funcionamento mental e consciência no momento presente. Veja os cinco agregados que compõem você. Questione-se: "Quem sou eu?" A pergunta deve estar profundamente enraizada em você, como uma nova semente abrigada no fundo da terra macia e umedecida com água. A pergunta, "Quem sou eu?" não deve ser um questionamento abstrato a ser considerado com o seu intelecto discursivo. O questionamento "Quem sou eu?" não estará confinado no seu intelecto, mas aos cuidados de todos os cinco agregados. Não tente buscar uma resposta intelectual. Contemple por dez minutos, mantendo uma respiração profunda, porém leve, para prevenir de ser arrastado por reflexões filosóficas.

Você

Sente-se sozinho numa sala escura, ou à noite, desacompanhado, próximo a um rio, ou qualquer outro lugar onde haja solidão. Comece a tomar posse da sua respiração. Faça brotar o pensamento "Vou usar meu dedo para apontar para mim mesmo", e, em seguida, ao invés de apontar para o seu corpo, aponte na direção oposta. Contemple ver-se além da sua forma corpórea. Contemple a imagem da sua forma corporal, presente à sua frente – nas árvores, na grama, nas folhas e no rio. Esteja consciente de que você está no universo e o universo está em você: se o universo existe, você existe; se você existe, o universo existe. Não há nascimento. Não há morte. Não há chegada. Não há partida. Mantenha um ar sorridente. Tome posse da sua respiração. Contemple cerca de dez a vinte minutos.

Seu esqueleto

Deite-se numa cama ou tapete, ou sobre a grama na posição que for confortável. Não use travesseiro. Comece tomando posse da sua respiração. Imagine que tudo o que resta do seu corpo é um esqueleto branco deitado sobre a face da terra. Mantenha um ar sorridente e continue a seguir sua respiração. Imagine que toda a sua carne se decompôs e desapareceu, e o seu esqueleto está agora deitado dentro da terra, oitenta anos depois do enterro. Veja claramente os ossos da sua cabeça, costas, costelas, quadris, pernas, braços e dedos. Mantenha um ar sorridente, respire muito suavemente, com seu coração e mente serenos. Veja que o seu esqueleto não é você. A sua forma corpórea não é você. Esteja uno com a vida. Viva eternamente nas árvores e grama, nas outras pessoas, nos pássaros e bestas, no céu e nas ondas do oceano. O seu esqueleto é somente uma parte sua. Você está presente em todo lugar e em cada momento. Você não é somente uma forma corpórea, ou nem mesmo os sentimentos, pensamentos, ações e conhecimento. Continue, cerca de vinte a trinta minutos.

Seu verdadeiro semblante antes de nascer

Na postura de lótus inteiro ou de meio lótus, siga sua respiração. Concentre-se no ponto inicial da sua vida, o ponto "A". Saiba que este também é o ponto inicial da sua morte. Veja que tanto a sua vida quanto a sua morte se manifestam simultaneamente: *isto* existe porque *aquilo* existe, *isto* não poderia ter existido se *aquilo* não tivesse existido. Veja que a existência da sua vida e da sua morte dependem uma da outra: uma é o alicerce da outra. Veja que você é ao mesmo tempo vida e morte; que ambas não são inimigas, mas dois aspectos de uma mesma realidade. Depois se concentre no ponto-final da manifestação dupla, o ponto "B" – erroneamente chamado de morte. Veja que este é o ponto-final da manifestação de ambos: da sua vida e da sua morte.

Veja que não há diferença entre: o tempo antes de A e o tempo depois de B. Busque a sua verdadeira face nos períodos antes do ponto A e depois do ponto B.

Um ente querido que faleceu

Numa cadeira ou cama, sente-se ou deite-se numa posição que você se sinta confortável. Comece a tomar posse da sua respiração. Contemple o corpo de um ente querido que morreu, seja há poucos meses ou muitos anos atrás. Veja com clareza que toda a carne daquela pessoa se decompôs e somente o esqueleto continua deitado tranquilamente debaixo da terra. Veja com clareza que a sua própria carne ainda está aqui, e, dentro de você, ainda convergem os cinco agregados: forma corpórea, sentimento, percepção, funcionamento mental e consciência. Pense na sua interação com aquela pessoa no passado e agora neste instante. Mantenha um ar sorridente e tome posse da sua respiração. Contemple desta maneira por quinze minutos.

Vacuidade

Sente-se na posição de lótus inteiro ou de meio lótus. Comece a uniformizar sua respiração. Contemple a natureza da vacuidade na reunião dos cinco agregados: forma corpórea, sentimento, percepção, funcionamento mental e consciência. Considere um agregado após o outro. Veja que todos se transformam, todos são passageiros e sem autonomia. A reunião dos cinco agregados é como a reunião de todos os fenômenos: todos obedecem à lei da interdependência. A reunião e dispersão deles se assemelham à reunião e dispersão das nuvens em torno dos picos das montanhas. Não se agarre nem rejeite os cinco agregados. Saiba que gostar e desgostar são fenômenos que pertencem à reunião dos cinco agregados. Compreenda com clareza que os cinco agregados são destituídos de autonomia e são vazios, mas que eles também são maravilhosos, maravilhosos como cada fenômeno do universo é, maravilhosos como a vida presente em toda parte. Tente compreender que os cinco agregados não se submetem à criação e destruição, pois eles próprios são a realidade suprema. Tente compreender através desta contemplação que impermanência é um conceito, nenhum eu é um conceito, vacuidade é um conceito, para que assim você não fique aprisionado nos conceitos de impermanência, nenhum eu e vacuidade. Você verá que a vacuidade também é vazia, e que a realidade suprema da vacuidade não é diferente da realidade suprema dos cinco agregados. [Este exercício deve ser praticado *somente* depois de o aluno ter praticado minuciosamente os cinco exercícios anteriores. O período de tempo dependerá de cada pessoa – talvez uma hora, talvez duas.]

Compaixão pela pessoa que você mais detesta ou despreza

Sente-se silenciosamente. Respire e gere um ar sorridente. Contemple a imagem da pessoa que lhe causou o maior sofrimento. Considere os aspectos que você mais odeia ou menospreza, ou encontre os mais repulsivos. Tente examinar o que faz esta pessoa feliz e o que causa sofrimento na vida cotidiana dela. Contemple as percepções daquela pessoa, tente ver quais são os padrões de pensamento e de raciocínio que ela segue. Examine o que motiva as suas esperanças e ações. Finalmente considere a consciência daquela pessoa. Veja se as visões e compreensão dela são abertas e livres ou não, e se ela tem sido ou não influenciada por algum preconceito, mentalidade estreita, ódio ou raiva. Veja se ela tem ou não o domínio de si mesma. Continue até que você sinta a compaixão surgir em seu coração, como um poço se enchendo de água-doce, e sua raiva e ressentimento desaparecendo. Pratique este exercício muitas vezes com a mesma pessoa.

Sofrimento causado pela falta de sabedoria

Sente-se na postura de lótus inteiro ou de meio lótus. Comece a seguir sua respiração. Escolha a situação de uma pessoa, família ou sociedade que mais esteja sofrendo, de que você tenha conhecimento. Este será o objeto de sua contemplação.

No caso de uma pessoa, tente ver todo o sofrimento que aquela pessoa está atravessando. Comece com o sofrimento da forma corpórea: doença, pobreza, dor física. E depois prossiga para o sofrimento causado pelos sentimentos: conflitos internos, medo, ódio, ciúme, consciência torturada. Considere depois o sofrimento causado pelas percepções: pessimismo, permanecer nos problemas com um ponto de vista estreito e sombrio. Veja se o funcionamento da mente dela está motivado por medo, desânimo, desespero ou ódio. Veja se a consciência dela está fechada devido à sua situação, ao seu sofrimento, devido às pessoas à sua volta, educação, propaganda ou falta de controle de si mesma. Medite em todos esses sofrimentos até que o seu coração se encha de compaixão como um poço de água-doce, e você seja capaz de ver que a pessoa sofre devido às circunstâncias e sua ignorância. Determine-se a ajudar aquela pessoa a sair dessa situação presente, através dos meios mais silenciosos e despretensiosos possíveis.

No caso de uma família, siga o mesmo método. Examine todo o sofrimento de uma pessoa e em seguida o de outra pessoa até que você tenha examinado o sofrimento da família inteira. Veja que os sofrimentos deles são seus. Veja que não é possível censurar uma única pessoa sequer daquele grupo. Veja que você deve libertá-las da presente situação em que se encontram pelos meios mais silenciosos e despretensiosos possíveis.

No caso de uma sociedade, considere o sofrimento de um país atravessando uma situação de guerra ou qualquer outra situação de injustiça. Tente ver que cada pessoa envolvida no conflito é uma vítima. Veja que nenhuma pessoa, inclusive todas aquelas dos partidos em guerra, ou que parecem estar em lados adversários, desejam que o sofrimento continue. Veja que não há uma ou várias pessoas culpadas pela situação. Veja que a situação é possível porque elas estão aferradas a ideologias e a um sistema econômico mundial injusto, que é mantido por cada uma delas através da ignorância e da falta de determinação para mudá-los. Veja que os dois lados em conflito não são realmente rivais, mas dois aspectos da mesma realidade. Veja que a coisa mais essencial é vida, e que matar e oprimir um ao outro não resolverá coisa alguma. Lembre-se das palavras do Sutra:

> Em tempo de guerra
> Erga dentro de si a mente compassiva
> Ajude os seres vivos
> Abandone a vontade de lutar
> Onde quer que haja uma batalha furiosa
> Use todas as suas forças
> Para manter a força dos dois lados iguais
> E depois entre no conflito para reconciliar

Vimalakirti Nirdesa

Medite até que toda repreensão e ódio desapareçam e a compaixão e o amor surjam como um poço de água-doce dentro de você. Comprometa-se a trabalhar em prol da consciência e reconciliação através dos meios mais silenciosos e despretensiosos possíveis.

Ação não interesseira

Sente-se na postura de lótus inteiro ou meio. Siga sua respiração. Escolha um projeto de desenvolvimento rural ou qualquer outro projeto que você considere importante como assunto da sua contemplação. Examine o propósito do trabalho, os métodos a serem usados e as pessoas envolvidas. Considere primeiro o propósito do projeto. Compreenda que o trabalho é servir, aliviar o sofrimento, ajudar com compaixão; e que não é para satisfazer o desejo de elogio ou de reconhecimento. Veja que os métodos usados estimulam a cooperação entre as pessoas. Não considere o projeto como se fosse um ato de caridade. Considere as pessoas envolvidas. Você ainda vê em termos daqueles que servem e daqueles que se beneficiam? Se você ainda vê quem são os que estão servindo e os que estão se beneficiando, o seu trabalho está sendo em benefício próprio e dos trabalhadores, e não em prol do próprio ato de servir. O Sutra do Prajnaparamita diz: "O bodisatva ajuda a atravessar os seres vivos para a outra margem, mas de fato nenhum ser vivo está sendo levado à outra margem". Determine-se a trabalhar dentro do espírito da ação não interesseira.

Imparcialidade

Sente-se na postura de lótus inteiro ou de meio lótus. Siga sua respiração. Relembre as conquistas mais significativas da sua vida e examine cada uma delas. Examine o seu talento, sua virtude, sua capacidade, e a convergência de condições favoráveis que levaram ao seu sucesso. Examine a complacência e a arrogância que surgiram do sentimento de que você era a principal causa deste sucesso. Ilumine todo o assunto com a luz da interdependência e compreenda que a conquista não é realmente sua, mas a convergência de várias condições além do seu alcance. Veja com isso que você não estará ligado a essas realizações. Somente quando puder renunciá-las poderá realmente ser livre e deixar de ser assaltado por elas.

Relembre os fracassos mais amargos da sua vida e examine cada um deles. Examine seu talento, sua virtude, sua capacidade e a ausência de condições favoráveis que o levaram ao fracasso. Examine para ver todos os complexos que surgiram em você desde o sentimento de que não é capaz de ser bem-sucedido. Com a luz da interdependência, ilumine toda a situação para ver que os fracassos não podem ser considerados incompetência sua, pois decorreram da falta de condições favoráveis. Compreenda que você não tem força para levar estes fracassos nos ombros e que estes fracassos não são você. Compreenda por que você está livre deles. Somente quando puder renunciá-los poderá realmente ser livre e deixar de ser assaltado por estes fracassos.

Contemplação sobre não abandono

Sente-se na postura de lótus inteiro ou de meio lótus. Siga sua respiração. Ponha em prática um dos exercícios de interdependência: você, seu esqueleto, ou de alguém que morreu. Veja que tudo é impermanente e sem uma identidade eterna. Compreenda que embora os fenômenos sejam impermanentes e sem uma identidade duradoura, mesmo assim eles são maravilhosos. Mesmo que não esteja aprisionado ao condicionado, você também não está aprisionado ao incondicionado. Veja que o santo, embora não esteja aprisionado ao ensinamento da interdependência, tampouco se afastou desse ensinamento. E mesmo que possa abandonar o ensinamento como se o mesmo fosse cinzas frias, mesmo assim ele ainda consegue permanecer nele, mas sem se afogar nele. Ele é como um barco sobre a água. Contemple e veja que as pessoas despertas, embora não estejam escravizadas pelo trabalho de servir os seres vivos, nunca abandonam o trabalho de servir os seres vivos.

Thich Nhat Hanh criando caligrafias em 2009. Ele se tornou amplamente conhecido por seus trabalhos caligráficos de meditação, que incorpora sua compreensão e compaixão.

Trad.: Paz em você. Paz no mundo.

Nhat Hanh: ver com olhos compassivos

James Forest

Em 1968, eu viajei com Thich Nhat Hanh numa turnê da Sociedade de Reconciliação [Fellowship of Reconciliation], e nesse período haviam reuniões com grupos de igreja e de alunos, senadores, jornalistas, professores, comerciantes e também – por um alívio abençoado! – alguns poetas. Esse monge budista vietnamita, de vestes marrons [aparentando ser muitos anos mais jovem do que o homem de quarenta que ele era], em quase todos os lugares que ia desarmava rapidamente as pessoas que ele encontrava.

A sua gentileza, inteligência e sanidade faziam com que fosse impossível, para a maioria dos que o encontrava, manter seus estereótipos de como eram os vietnamitas. A imensa riqueza do passado vietnamita e budista era derramada nas histórias e explicações que Thich Nhat Hanh contava. O seu interesse, e até mesmo entusiasmo, pelo cristianismo, geralmente inspirava os cristãos a serem mais tolerantes em relação à própria tradição de Thich Nhat Hanh. Ele foi capaz de ajudar milhares de americanos a vislumbrarem a guerra através dos olhos dos camponeses que trabalhavam em arrozais e criavam seus filhos e netos em aldeias cercadas dos antigos bosques de bambu. Ele despertava a criança interior do adulto, ao descrever o ofício do artesão criador de pipa, e o som dos instrumentos de sopro que essas frágeis aeronaves levariam em direção às nuvens.

Depois de uma hora com ele, a pessoa ficava maravilhada com as belezas do Vietnã e angustiada por causa da intervenção militar americana na transformação política e tradições culturais do povo vietnamita. A pessoa se despia de todas as lealdades ideológicas que justificassem um partido ou outro em suas batalhas, e sentia o horror dos céus varridos com bombardeios, das casas e seres humanos carbonizados, das crianças que ficaram para enfrentar a vida sem a presença e o amor de seus pais e avós.

Mas certa noite, Nhat Hanh acordou sem entender o ódio desmesurado de um americano. Nhat Hanh tinha palestrado no auditório de uma opulenta igreja cristã em um subúrbio de St. Louis. Como sempre fazia, ele enfatizou a necessidade de os americanos pararem seus bombardeios e matanças em seu país. A sessão de perguntas e respostas já tinha acontecido, quando um homem alto e forte se levantou e com escárnio falou sobre a "suposta compaixão" desse "Sr. Hanh":

"Se você se importa tanto com o seu povo, Sr. Hanh, por que está aqui? Se se importa tanto com as pessoas que estão feridas, porque não passa o seu tempo com elas?" Neste momento, a lembrança que tenho das palavras deste homem foi substituída pela memória da imensa raiva que me dominou.

Quando aquele homem terminou de falar, eu olhei para Thich Nhat Hanh espantado. O que ele – ou qualquer outra pessoa – poderia dizer? O espírito da própria guerra tinha, de repente, enchido a sala e parecia difícil de se respirar.

Um silêncio tomou conta. Em seguida, Thich Nhat Hanh começou a falar – tranquilamente, com uma calma profunda e, de fato, com um sentimento pessoal de carinho pelo homem que tinha acabado de censurá-lo. As palavras pareciam uma chuva caindo sobre o fogo. "Se você quer que a árvore cresça", disse ele, "não vai ajudar aguar as folhas. Você terá que aguar as raízes. Muitas dessas raízes da guerra estão aqui em seu país. Para ajudar as pessoas que estão prestes a ser bombardeadas, para tentar protegê-las deste sofrimento, eu tive que vim até aqui".

O clima na sala se transformou. Na fúria daquele homem, nós tivemos que experimentar nossas próprias fúrias; vimos o mundo como se através de um dia de bombardeio. Na resposta de Nhat Hanh experimentamos uma possibilidade alternativa: uma possibilidade – trazida aos cristãos por um budista, e aos americanos por um "inimigo" – de superar o ódio com amor, de quebrar a aparentemente interminável reação em cadeia de violência de toda a história humana.

Mas depois de ter respondido, Nhat Hanh sussurrou algo para o presidente da reunião e saiu rapidamente da sala. Ciente de que algo estava errado, eu o segui. Era uma noite clara e fresca. Nhat Hanh ficou na calçada ao lado do estacionamento da igreja. Ele estava lutando para tomar fôlego – como alguém que tivesse passado muito tempo debaixo d'água e mal tivesse conseguido subir até a superfície antes de respirar. Tinham se passado vários minutos antes de eu ter a ousadia de lhe perguntar como ele estava ou o que tinha acontecido.

Nhat Hanh explicou que o comentário daquele homem tinha sido terrivelmente perturbador, que ele queria ter podido responder ao homem com raiva. Mas teve que respirar muito profunda e vagarosamente para encontrar um jeito de responder com calma e compreensão. Só que a sua respiração tinha sido demasiadamente longa e profunda.

"Por que não ter raiva dele?" – perguntei-lhe. "Até mesmo os pacifistas têm o direito de ter raiva."

"Se fosse somente eu, sim. Mas eu estou aqui para falar em nome dos camponeses vietnamitas. Eu tenho que mostrar a eles o melhor do que nós podemos ser."

Este foi um momento muito importante em minha vida, que me fez refletir muitas e muitas vezes desde então. Por um motivo, esta foi a primeira vez que eu compreendi que havia uma conexão entre a maneira como a pessoa respira e a maneira como ela responde ao mundo à sua volta.

Até meados da década de 1970, Nhat Hanh não tinha feito tentativa alguma de ensinar, ao povo ocidental, as práticas de meditação que ele chama de atenção plena [*mindfulness* em inglês]. Somente em 1974 ele começou a ensinar meditação. Primeiro a alguns amigos ocidentais que ajudavam a Delegação da Paz Budista Vietnamita em Paris, e posteriormente ao grupo do Centro Internacional Quaker naquela cidade. E foi neste ano que ele publicou um pequeno livro, manual de meditação, intitulado *The Miracle of Mindfulness*.

Nhat Hanh é um poeta, Mestre Zen e copresidente da Sociedade da Reconciliação. No Vietnã ele desempenhou um papel principal na criação do "budismo engajado" – uma profunda renovação religiosa enraizada na compaixão e serviço, a partir da qual surgiram vários projetos que combinaram a ajuda às vítimas da guerra com a oposição não violenta à própria guerra. Devido aos seus trabalhos, milhares de budistas – monjas, monges e pessoas laicas – foram baleados ou aprisionados.

O trabalho de Nhat Hanh fez surgir várias instituições no Vietnã: a Escola da Juventude para o Serviço Social – que era um pequeno mosteiro que serviu de base inicial ao movimento não violento; a Universidade Van Hanh, e a imprensa La Boi Press, um dos principais veículos de renovação cultural e religioso.

A poesia de Nhat Hanh inspira muitas canções populares no Vietnã contemporâneo, que utilizam suas palavras em canções de esperança, que sobrevivem ao sofrimento.

Mesmo estando em exílio, representando a Igreja Budista Unificada do Vietnã no exterior, ele continuou a ser uma força pela não violência e reconciliação em sua terra natal, e um organizador de ações de apoio provenientes de outros países. Sua amizade com Martin Luther King Jr. foi um fator contribuinte na decisão do Dr. King de se unir aos que se opunham à Guerra do Vietnã – ignorando o conselho de muitos colegas e contribuintes que se opunham às "questões de miscigenação". Pouco antes do seu assassinato, Dr. King nominou Nhat Hanh para o Prêmio Nobel da Paz.

Durante as conversas com Nhat Hanh e seus colaboradores em Paris, no apartamento da Delegação Budista Vietnamita pela Paz, nossos pensamentos se voltavam para a ausência de uma dimensão meditativa em muitos dos movimentos americanos pela paz. Essa ausência ajudava a explicar por que muitos dos movimentos "pela paz" tinham demonstrado interesse tão pequeno e superficial nas campanhas budistas não violentas contra a guerra. Os budistas desarmados eram julgados como se não fossem realmente "políticos", mas sim como se fossem um mero movimento religioso – admirável, surpreendentemente corajoso quando comparado a outros grupos religiosos, porém periférico.

O que os militantes da paz americanos poderiam aprender dos seus sósias vietnamitas é que, até que haja uma dimensão mais meditativa no movimento da paz, as nossas percepções da realidade, e, por conseguinte, as nossas habilidades para ajudar oportunamente na compreensão e transformação, serão terrivelmente mutiladas. Qualquer que seja nosso conhecimento religioso ou não religioso e vocabulário, nós estaremos sobreolhando algo tão fundamental às nossas vidas e trabalho como a própria respiração.

A própria respiração. Respirar. Chega a ser uma notícia estarrecedora para muita gente que algo tão simples como respirar com atenção desempenhe um papel central em meditação e oração. É como aquela ideia de mistério do romancista de esconder o diamante na tigela do peixinho dourado: é óbvio demais para ser percebido. Mas, desde que as notícias transpuseram as barreiras do meu ceticismo, não houve uma confirmação final – principalmente, a confirmação da experiência.

O problema com meditação é que as situações em que se pode meditar estão próximas demais. Como Nhat Hanh ressalta, as oportunidades estão espalhadas por toda parte: na banheira, na pia da cozinha, na tábua de cortar, numa calçada ou caminho, numa escadaria, num piquete de grevistas, numa máquina de escrever... literalmente estão em qualquer lugar. Os momentos e lugares de silêncio e de quietude são maravilhosos e úteis, mas não restritos. A vida meditativa não requer uma existência reclusa em recinto fechado. Embora requeira dedicação de determinados períodos de tempo, até mesmo de um dia inteiro da semana, para que seja dada especial atenção à pratica de tornar-se mais consciente. Mas então cristãos e judeus não devem ser considerados intrusos no período de descanso.

Para os céticos, as sugestões de Nhat Hanh vão parecer muito absurdas, uma piada de mal gosto no final da história, o último truque de cartas distribuídas no antigo convés da conversa mística de significado ambíguo. Mas a própria afirmação pacifista – de optar por nutrir a vida e viver sem armas num mundo assassino – atinge muitos como sendo um absurdo não menor do que aceitar um mundo de violência. Como meditação carrega apenas este desarmamento pessoal, nós já começamos a dar um passo essencial mais profundo: a não violência não só diante de governos, corporações e exércitos de libertação, mas também de um encontro não violento com a realidade em si.

Esta é a forma de compreender uma simples verdade, que Nhat Hanh mencionou em outra ocasião: "Aqueles que não têm compaixão não conseguem ver o que é visto com os olhos compassivos". Essa visão mais inclusiva faz uma pequena, porém crucial, diferença entre desespero e esperança.

Seleção de Sutras budistas

Os Quatro Sustentáculos da Atenção Plena

Satipatthāna Sutta[4]

Majjhima Nikaya 10

I

Eu ouvi estas palavras de Buda, uma vez quando ele vivia em Kammassadhamma, uma cidade mercantil do povo Kuru. Buda se dirigiu aos bhikkhus dizendo, "Oh, bhikkhus!"

E os bhikkhus responderam: "Venerável Senhor!"

Buda disse: "Bhikkhus, há um método – que é o mais maravilhoso de todos – de ajudar os seres vivos a realizar a purificação, superar imediatamente o luto e a tristeza, acabar com a dor e a ansiedade, trilhar o caminho certo e realizar o nirvana. Este método são **os Quatro Sustentáculos da Atenção Plena.**

"Quais são os quatro sustentáculos?

---

4. Traduzido e editado do páli para o inglês por Thich Nhat Hanh e monjas e monges de Plum Village. In: *Chanting from the Heart*. Parallax Press, 2007, p. 289-295. Tradução do inglês para o português por Maria Goretti Rocha de Oliveira.

1) Bhikkhus, o praticante permanece firme na observação do **corpo** no corpo, diligente, compreendendo com clareza, atenção plena, tendo abandonado toda ânsia e todos os desgostos por esta vida.

2) Ele permanece firme na observação dos **sentimentos** nos sentimentos, diligente, compreendendo com clareza, atenção plena, tendo abandonado toda ânsia e todos os desgostos por esta vida.

3) Ele permanece firme na observação da **mente** na mente, diligente, compreendendo com clareza, atenção plena, tendo abandonado toda ânsia e todos os desgostos por esta vida.

4) Ele permanece firme na observação dos **objetos mentais** nos objetos mentais, diligente, compreendendo com clareza, atenção plena, tendo abandonado toda ânsia e todos os desgostos por esta vida.

II

E como uma praticante permanece firme na observação do corpo no corpo?

Ela vai à floresta, ao pé de uma árvore, ou a uma sala vazia, senta-se com as pernas cruzadas na posição de lótus, mantém o seu corpo ereto e estabelece a atenção plena diante de si. Ela inspira consciente de estar inspirando. Ela expira consciente de estar expirando. Ao inspirar uma longa inalação, ela sabe, 'estou inspirando uma longa inalação'. Ao expirar uma longa expiração, ela sabe, 'estou expirando uma longa expiração'. Ao inspirar uma curta inspiração, ela sabe, 'estou inspirando uma curta inspiração'. Ao expirar uma curta expiração, ela sabe, 'estou expirando com uma curta expiração'.

Ela usa a seguinte prática: 'Inspirando, estou consciente do meu corpo como um todo. Expirando, estou consciente do meu corpo como um todo. Inspirando, eu acalmo o meu corpo. Expirando, eu acalmo o meu corpo'.

Assim como um oleiro experiente sabe quando dá um longo giro na roda, 'Estou dando um longo giro', e sabe quando dá um pequeno giro, 'Estou dando um pequeno giro', uma praticante sabe quando sua inspiração está longa, 'Estou inspirando uma longa inspiração', e sabe quando sua inspiração está curta, 'Estou inspirando uma curta inspiração'. E ao expirar uma longa expiração, ela sabe, 'Estou expirando uma longa expiração', e ao exalar uma curta expiração, ela sabe, 'Estou exalando uma expiração curta'.

Ela usa a seguinte prática: 'Inspirando, estou ciente do meu corpo como um todo. Expirando, estou ciente do meu corpo como um todo. Inspirando, eu acalmo meu corpo. Expirando, eu acalmo meu corpo'.

Além disso, quando um praticante anda, ele está cônscio, 'Eu estou andando'. Quando está em pé, ele está cônscio, 'Estou em pé'. Quando está sentado, ele está cônscio, 'Estou sentado'. Quando está deitado, ele está cônscio, 'Estou deitado'. Qualquer posição em que o seu corpo esteja, ele está consciente da posição em que o seu corpo está.

Ademais, quando o praticante está indo para frente ou para trás, ele está totalmente consciente do ato de mover-se para frente e para trás. Quando olha para frente ou para trás, ao curvar-se para baixo ou ficar em pé, ele também emprega toda sua consciência naquilo que está fazendo. Ele está conscientemente atento de estar vestindo o seu manto *sanghati* ou de estar carregando sua vasilha de mendicante. Ao beber, mastigar ou saborear a comida, ele faz tudo isso com atenção plena. Quando defeca ou urina, ele está totalmente consciente disso. Quando anda, fica em pé, deita, senta, dorme ou se acorda, fala ou silencia, ele ilumina tudo isso com a luz da sua consciência.

Em seguida, o praticante medita em seu próprio corpo, desde as solas dos seus pés para cima, e depois descendo a partir dos cabelos no topo da sua cabeça. Ele medita num corpo contido no interior da pele e cheio de todas as impurezas pertencentes ao corpo: 'Aqui está o cabelo da cabeça, os pelos do corpo, as unhas, os dentes, a pele, a carne, os tendões, os ossos, a medula óssea, os rins, o coração, o fígado, o diafragma, o baço, os pulmões, os intestinos, as vísceras, o excremento, a bile, o fleuma, o pus, o sangue, o suor, a gordura, as lágrimas, o sebo, a saliva, o muco, o fluido sinovial, a urina'.

Bhikkhus, imaginem um saco, que pode ser aberto nas duas extremidades, contendo uma variedade de grãos – arroz integral, arroz silvestre, brotos de feijão, feijões vermelhos, gergelim, arroz branco. Quando alguém, com vista boa, abre os sacos vai examiná-lo assim: 'Este é o arroz integral, este é o arroz silvestre, estes são os brotos de feijão, estas são as sementes de gergelim, este é o arroz branco'. Do mesmo modo, o praticante faz um exame minucioso de todo o seu corpo desde as solas dos pés até o cabelo no topo da cabeça, um corpo contido numa camada de pele e cheio de todas as impurezas pertencentes ao corpo: 'Aqui está o cabelo da cabeça, os pelos do corpo, as unhas, os dentes, a pele, a carne, os tendões, os ossos, a medula óssea, os rins, o coração, o fígado, o diafragma, o baço, os pulmões, os intestinos, as vísceras, o excremento, a bile, o fleuma, o pus, o sangue, o suor, a gordura, as lágrimas, o sebo, a saliva, o muco, o fluido sinovial, a urina'.

Além disso, em qualquer posição que seu corpo estiver, o praticante faz uma vistoria dos elementos que constituem seu corpo: 'Neste corpo está o elemento terra, o elemento água, o elemento fogo, e o elemento ar'.

Como um açougueiro experiente ou um aprendiz de açougueiro que, depois de ter matado uma vaca, poderia se sentar na encruzilhada para dividir a vaca em muitas partes, o praticante passa em vistoria os elementos que compõem seu próprio corpo: 'Aqui neste corpo estão o elemento terra, o elemento água, o elemento fogo, e o elemento ar'.

Ademais, o praticante compara o seu próprio corpo com um cadáver que ele visualiza jogado no chão de um cemitério, e que está descansando ali por um, dois ou três dias – inchado, de cor azulada e apodrecendo; e ele reflete:

'Este meu corpo tem a mesma natureza. Vai terminar do mesmo jeito; não há como evitar este estado'.

Depois disso, o praticante compara o seu próprio corpo com um cadáver que ele visualiza jogado no chão de um cemitério, picado pelos corvos, comido pelos falcões, urubus e chacais, e infestado de larvas de moscas e vermes; e reflete: 'Este meu corpo tem a mesma natureza. Vai terminar do mesmo jeito; não há como evitar este estado'.

Além disso, o praticante compara seu próprio corpo com um cadáver que ele visualiza jogado no chão de um cemitério, e que é somente um esqueleto com um pouco de carne e sangue colados nele, e os ossos ainda se mantem unidos pelos ligamentos.

Em seguida, o praticante compara seu próprio corpo com um cadáver que ele visualiza jogado no chão de um cemitério; é apenas um esqueleto, sem carne alguma aderida nele, mas ainda um pouco manchado de sangue, e com os ossos ainda mantidos juntos pelos ligamentos.

Depois disso, o praticante compara seu próprio corpo com um cadáver que ele visualiza jogado no chão de um cemitério; é apenas um esqueleto, sem carne alguma aderida nele, e sem mancha de sangue, mas os ossos ainda se mantêm unidos pelos ligamentos.

Além disso, o praticante compara seu próprio corpo com um cadáver que ele visualiza jogado no chão de um cemitério; tudo o que resta é um conjunto de ossos espalhados aqui e ali; um osso da mão num lugar, um osso da canela noutro lugar, um osso da coxa, uma pélvis, uma coluna vertebral, um crânio.

Depois disso, o praticante compara seu próprio corpo com um cadáver que ele visualiza jogado no chão de um cemitério; tudo o que resta é um conjunto de ossos esbranquiçados, cor de cal.

Depois disso, o praticante compara seu próprio corpo com um cadáver que ele visualiza jogado no chão de um cemitério; encontra-se ali há mais de um ano, e tudo o que resta é um conjunto de ossos secos.

Depois disso, o praticante compara seu próprio corpo com um cadáver que ele visualiza jogado no chão de um cemitério; tudo o que resta é o pó que vem dos ossos carcomidos, e ele reflete: 'Este meu corpo tem a mesma natureza. Vai terminar do mesmo jeito; não há como evitar este estado'.

É assim que o praticante permanece firme na observação do corpo no corpo, na observação do corpo a partir de dentro ou a partir de fora, ou a partir de ambos: dentro e fora. Ele permanece firme na observação do processo do vir a ser do corpo, ou no processo de dissolução do corpo, ou em ambos os processos de vir a ser e de dissolução. Ou está consciente do fato: 'Existe um corpo aqui', até que surjam a compreensão e total consciência. Ele permanece firme observando, livre, não aprisionado em qualquer consideração mundana. É assim que se pratica a observação do corpo no corpo, Oh, bhikkhus".

III

"Bhikkhus, como uma praticante permanece firme na observação dos sentimentos nos sentimentos?

Toda vez que surge um sentimento agradável, a praticante tem consciência dele: 'Estou experimentando um sentimento agradável'. Ela pratica dessa maneira com relação a todos os sentimentos, sejam agradáveis, dolorosos ou neutros; e ela observa quando os sentimentos pertencem ao corpo e quando pertencem a mente.

É assim que a praticante permanece firme na observação dos sentimentos nos sentimentos; na observação dos sentimentos a partir de dentro ou a partir de fora, ou a partir de ambos: dentro e fora. Ela permanece firme na observação do processo de vir a ser dos sentimentos, ou no processo de dissolução dos sentimentos, ou em ambos os processos de vir a ser e de dissolução. Ou está consciente do fato: 'Existe um sentimento aqui', até que surjam a compreensão e a total consciência. Ela permanece firme na observação, livre, não aprisionada a qualquer consideração mundana. É assim que se pratica a observação dos sentimentos nos sentimentos, Oh, bhikkhus."

IV

"Bhikkhus, como um praticante permanece firme na observação da mente na mente?

Quando sua mente está desejando, o praticante está ciente: 'Minha mente está desejando'. Quando sua mente não está desejando, ele está ciente: 'Minha mente não está desejando'. Da mesma forma, ele está ciente com relação a uma mente odiosa, a uma mente confusa, a uma mente recolhida, a uma mente dispersa, a uma mente expansiva, a uma mente estreita, a uma mente mais elevada, a uma mente concentrada e uma mente liberta.

É assim que o praticante permanece firme na observação da mente na mente; na observação da mente a partir de dentro ou a partir de fora, ou a partir de ambos: dentro e fora. Ele permanece firme na observação do processo de vir a ser da mente, ou no processo de dissolução da mente, ou em ambos os processos de vir a ser e de dissolução. Ou está consciente do fato: 'Existe uma mente aqui', até que surjam a compreensão e a total consciência. Ele permanece firme na observação, livre, não aprisionado a qualquer consideração mundana. É assim que se pratica a observação da mente na mente, Oh, bhikkhus."

V

"Bhikkhus, como uma praticante permanece firme na observação dos objetos mentais nos objetos mentais?

Em primeiro lugar, ela observa os objetos mentais nos objetos mentais relacionados aos *Cinco Obstáculos*. Como ela observa isso?

Quando o desejo de prazer dos sentidos está manifesto nela, ela está ciente: 'O desejo de prazer dos sentidos está manifesto em mim'. Ou quando o desejo de prazer dos sentidos começa a surgir, ela está ciente disso. Quando o desejo de prazer dos sentidos que já surgiu está sendo abandonado, ela está ciente disso. Quando o desejo do prazer dos sentidos, que já foi abandonado, não vai mais surgir no futuro, ela sabe disso.

Ela pratica do mesmo modo em relação à raiva, ao tédio e torpor, a agitação e remorso, e à dúvida.

Além disso, a praticante observa os objetos mentais nos objetos mentais relacionados aos *Cinco Agregados da Obstinação*. Como ela observa isso?

Ela observa isso da seguinte maneira: 'Assim é a forma. Assim é o surgimento da forma. Assim é o desaparecimento da forma. Assim é o sentimento. Assim é o surgimento do sentimento. Assim é o desaparecimento do sentimento. Assim é a percepção. Assim é o surgimento da percepção. Assim é o desaparecimento da percepção. Assim é a consciência. Assim é o surgimento da consciência. Assim é o desaparecimento da consciência'.

Depois, Bhikkhus, a praticante, observa os objetos mentais nos objetos mentais relacionados aos *seis órgãos sensoriais* e aos *seis objetos sensoriais*. Como ela observa isso?

Ela está ciente dos olhos, está ciente da forma, e está ciente das formações internas que são produzidas em dependência destas duas coisas. Ela está ciente do nascimento de uma nova formação interna, e está ciente de quando uma formação interna, que já foi abandonada, não mais surgirá.

Do mesmo modo, ela está consciente dos ouvidos e dos sons, do nariz e dos odores, da língua e dos sabores, do corpo e das sensações táteis, da mente e dos objetos mentais.

Ademais, bhikkhus, o praticante permanece firme na observação dos *Sete Fatores do Despertar*.

Como ele permanece firme na prática de observar os Sete Fatores do Despertar?

Quando o fator do despertar, atenção plena, estiver presente nele, ele sabe: 'A atenção plena está presente em mim'. Quando a atenção não estiver presente nele, ele sabe: 'A atenção plena não está presente em mim'. Ele sabe quando a atenção plena ainda não manifesta surge e quando a atenção plena já manifesta se desenvolve plenamente.

Do mesmo modo, ele está consciente dos fatores de investigação, diligência, alegria, bem-estar, concentração e equanimidade.

Depois disso, Bhikkhus, a praticante, permanece firme na observação das *Quatro Nobres Verdades*.

Como, Bhikkhus, a praticante, permanece firme na observação das Quatro Nobres Verdades?

A praticante sabe que 'Isto é sofrimento', no momento em que o sofrimento surge. Ela sabe que 'Esta é a causa do sofrimento', logo que a causa do sofrimento surge. Ela sabe que 'Isto é o fim do sofrimento', logo que o fim do sofrimento acontece. Ela sabe 'Este é o caminho que leva ao fim do sofrimento', logo que este caminho surge.

É assim que a praticante permanece firme na observação dos objetos da mente nos objetos da mente; seja a partir de dentro ou a partir de fora, ou a partir de ambos:

dentro e fora. Ela permanece firme na observação do processo de vir a ser de quaisquer objetos mentais, ou firme na observação do processo de dissolução dos objetos mentais, ou de ambos os processos de vir a ser e de dissolução. Ou está consciente do fato: 'Há um objeto mental aqui', até que surjam a compreensão e a total consciência. Ela permanece firme observando, livre, sem estar aprisionada a nenhuma consideração mundana. É assim que se pratica a observação dos objetos da mente nos objetos da mente, Oh, bhikkhus."

VI

"Bhikkhus, a pessoa que praticar os *Quatro Sustentáculos da Consciência Plena* durante sete anos pode esperar um dos dois frutos: a mais elevada compreensão nesta vida ou, se ainda permanecer algum resíduo de aflição, ele ou ela pode alcançar o fruto do não retorno.

Até mesmo antes de sete anos, bhikkhus; quem pratica os Quatro Sustentáculos da Consciência Plena por seis, cinco, quatro, três, dois anos ou por um ano; por sete, seis, cinco, quatro, três ou dois meses, um mês inteiro ou quinze dias, também pode esperar um dos dois frutos: ou a compreensão suprema nesta vida mesmo; ou, se ainda houver algum resíduo de aflição, ele ou ela poderá alcançar o fruto do não retorno.

É por isso que dissemos que este caminho, o caminho dos Quatro Sustentáculos fundamentais ao estabelecimento da atenção plena é o caminho mais maravilhoso, que ajuda os seres a realizar a purificação, a transcender o luto e a tristeza, a destruir a dor e a ansiedade, a trilhar o caminho certo e tornar real o nirvana."

Os bhikkhus ficaram encantados por terem ouvido os ensinamentos de Buda. Eles o levaram a sério e começaram a pô-los em prática.

Satipatthana Sutta, Majjhima Nikaya 10

A consciência plena da respiração

Anāpānasati Sutta[5]

Majjhima Nikaya 118

I

Eu ouvi essas palavras de Buda, uma vez quando ele se hospedava em Savatthi, no Parque Oriental, junto com muitos discípulos realizados e notórios, inclusive Sariputta, Mahamoggallana, Mahakassapa, Mahakacchayana, Mahakotthita, Mahakappina, Mahachunda, Anuradha, Revata e Ananda. Os bhikkhus[6] mais antigos na comunidade ensinavam diligentemente os bhikkhus mais novos na prática – alguns instruíam dez bhikkhus, outros vinte, alguns trinta e outros quarenta; e, desta forma, os bhikkhus que eram novos na prática foram fazendo gradualmente progressos notáveis.

Era noite de lua cheia, e a Cerimônia Pavarana se realizou marcando o fim do retiro da estação chuvosa.

---

5. Traduzido e editado do páli para o inglês por Thich Nhat Hanh e monjas e monges de Plum Village. In: *Chanting from the Heart*. Parallax Press, 2007, p. 289-295. Tradução do inglês para o português por Maria Goretti Rocha de Oliveira.

6. Bhikkhus são os praticantes monásticos que receberam a ordenação máxima.

Senhor Buda, o Desperto, estava sentado ao ar livre, com os discípulos reunidos em torno dele. E, depois de olhar atentamente para os que estavam ali reunidos, começou a falar:

"Oh! bhikkhus, tenho o prazer de mencionar os frutos que vocês obtiveram em suas práticas. No entanto, sei que vocês podem progredir ainda mais. O que vocês ainda não alcançaram, vocês podem alcançar. O que vocês ainda não compreenderam, podem compreender perfeitamente. [Para despertar os seus ânimos] vou permanecer aqui até o próximo dia de lua cheia".

Ao ouvirem que o Senhor Buda ia continuar em Savatthi por mais um mês, os bhikkhus de toda região começaram a se deslocar até lá para estudar com ele. Os bhikkhus sêniores continuaram ensinando os bhikkhus iniciantes na prática. Alguns instruíam dez bhikkhus, outros vinte, alguns trinta e outros quarenta. Com essa ajuda os bhikkhus mais inexperientes podiam continuar progredindo, pouco a pouco, e compreendendo cada vez mais.

Quando chegou o próximo dia de lua cheia, Buda, sentado ao céu aberto, direcionou seu olhar sobre os bhikkhus ali reunidos e começou a falar:

"Oh, bhikkhus! A nossa comunidade é pura e boa. No seu coração não há conversas inúteis e arrogantes e, portanto, merece receber oferendas e ser considerada um campo de mérito. Uma comunidade assim é rara, e qualquer peregrino que a procura, não importando a distância que tenha que viajar, vai achá-la digna.

Oh bhikkhus! Há bhikkhus aqui reunidos que produziram o fruto de Arhatship, destruíram todas as raízes das aflições, puseram de lado todo o fardo pesado, e alcançaram a compreensão e a emancipação corretas. Também há bhikkhus que desfizeram os cinco primeiros nós internos e realizaram o fruto de nunca mais retornar ao ciclo do nascimento e morte.

Há aqueles que desfizeram os três primeiros nós internos e produziram o fruto de retornar mais uma vez. Eles removeram as raízes da ganância, do ódio e da ignorância, e precisam retornar, só mais uma vez, ao ciclo do nascimento e morte. Há aqueles que desfizeram os três nós internos e alcançaram o fruto de ter acesso ao fluxo, fluindo de forma constante ao Estado Desperto. Há aqueles que praticam Os Quatro Sustentáculos da Consciência Plena. Há aqueles que praticam os Quatro Esforços Corretos, e aqueles que praticam as Quatro Bases do Sucesso. Há aqueles que praticam as Cinco Faculdades, aqueles que praticam os Cinco Poderes, aqueles que praticam os Sete Fatores do Despertar, e aqueles que praticam o Nobre Caminho Óctuplo. Há aqueles que praticam a bondade amorosa, aqueles que praticam a compaixão, aqueles que praticam a alegria e aqueles que praticam a equanimidade. Há aqueles que praticam as Nove Contemplações, e aqueles que praticam a Observação da Impermanência. Também existem bhikkhus que já estão praticando A Consciência Plena da Respiração.

II

Oh bhikkhus! Se a consciência plena da respiração for desenvolvida e praticada continuamente, será gratificante, trará muitos benefícios, e levará ao sucesso da prática dos Quatro Sustentáculos da Atenção Plena. Se o método dos Quatro Sustentáculos da Atenção Plena for desenvolvido e praticado continuamente, levará ao sucesso da prática dos Sete Fatores do Despertar. Se os Sete Fatores do Despertar for desenvolvido e praticado continuamente, fará com que surjam a compreensão e a libertação da mente.

Qual é a maneira de desenvolver e praticar continuamente o método da consciência plena da respiração para que a prática seja gratificante e traga grandes benefícios?

É assim, Bhikkhus: o[a] praticante entra numa floresta ou vai até o pé de uma árvore, ou qualquer lugar deserto, senta-se de forma estável na posição de lótus, mantendo o seu corpo bem ereto e pratica da seguinte maneira: *Inspirando, eu sei que estou inspirando. Ao expirar, eu sei que estou expirando.*

1) Inspirando uma longa inspiração, eu sei que estou inspirando uma longa inspiração.

Ao expirar uma longa expiração, eu sei que estou expirando uma longa expiração.

2) Inspirando uma curta inspiração, eu sei que estou inspirando uma curta inspiração.

Ao expirar uma curta inspiração, eu sei que estou expirando uma curta expiração.

3) Inspirando, estou consciente do meu corpo como um todo.

Ao expirar, estou consciente do meu corpo como um todo.

É assim que ele ou ela praticam.

4) Inspirando, eu acalmo todo o meu corpo.

Ao expirar, eu acalmo todo o meu corpo.

É assim que ele ou ela praticam.

5) Inspirando, eu me sinto contente.

Ao expirar, eu me sinto contente.

É assim que ele ou ela praticam.

6) Inspirando, eu me sinto feliz.

Ao expirar, eu me sinto feliz.

É assim que ele ou ela praticam.

7) Inspirando, eu estou consciente das minhas formações mentais.

Ao expirar, eu estou consciente das minhas formações mentais.

É assim que ele ou ela praticam.

8) Inspirando, eu acalmo as minhas formações mentais.

Ao expirar, eu acalmo as minhas formações mentais.

É assim que ele ou ela praticam.

9) Inspirando, eu estou consciente da minha mente.

Ao expirar, eu estou consciente da minha mente.

É assim que ele ou ela praticam.

10) Inspirando, minha mente fica feliz.

Ao expirar, minha mente fica feliz.

É assim que ele ou ela praticam.

11) Inspirando, minha mente fica concentrada.

Ao expirar, minha mente fica concentrada.

É assim que ele ou ela praticam.

12) Inspirando, eu liberto minha mente.

Ao expirar, eu liberto minha mente.

É assim que ele ou ela praticam.

13) Inspirando, eu observo a natureza impermanente de todos os darmas.

Ao expirar, eu observo a natureza impermanente de todos os darmas.

É assim que ele ou ela praticam.

14) Inspirando, eu observo o desaparecimento do desejo.

Ao expirar, eu observo o desaparecimento do desejo.

É assim que ele ou ela praticam.

15) Inspirando, eu observo a natureza sem-nascimento e sem-morte de todos os fenômenos.

Ao expirar, eu observo a natureza sem-nascimento e sem-morte de todos os fenômenos.

É assim que ele ou ela praticam.

16) Inspirando, observo liberando.

Ao expirar, observo liberando.

É assim que ele ou ela praticam.

'Se a Consciência Plena da Respiração for desenvolvida e praticada continuamente de acordo com estas instruções, será gratificante e de grande benefício.'

III

Qual o modo de se praticar continuamente e desenvolver a plena consciência da respiração, para ter sucesso na prática dos Quatro Sustentáculos da Atenção Plena?

Quando o praticante inala e exala uma respiração longa ou curta, consciente do seu corpo como um todo, ou consciente de estar tornando o seu corpo mais calmo e tranquilo, ele permanece observando tranquilamente o corpo no corpo, perseverando, totalmente desperto, compreendendo com clareza o seu estado, indo além de todo apego e aversão por esta vida. Estes exercícios de respirar totalmente consciente pertencem ao primeiro sustentáculo da atenção plena: **o corpo**.

Quando o praticante inspira e expira consciente da alegria ou da felicidade das formações mentais, ou para tranquilizar as formações mentais, ele permanece observando tranquilamente os sentimentos nos sentimentos, perseverando, totalmente desperto, compreendendo com clareza o seu estado, indo além de todo apego e aversão por esta vida. Estes exercícios de respirar totalmente consciente pertencem ao segundo sustentáculo da atenção plena: **os sentimentos**.

Quando o praticante inspira e expira consciente da mente, ou para tornar a mente feliz, ou recolhida em concentração, ou para libertar e soltar a mente, ele permanece observando tranquilamente a mente na mente, perseverando, totalmente desperto, compreendendo com clareza o seu estado, indo além de todo apego e aversão por esta vida. Estes exercícios de respirar totalmente consciente pertencem ao terceiro sustentáculo da atenção plena: **a mente**. Sem a consciência plena da respiração não pode haver desenvolvimento da estabilidade meditativa e da compreensão.

Quando o praticante inspira e expira e contempla a impermanência inerente ou o desaparecimento inerente do desejo ou cessação ou o deixar ir, ele permanece observando tranquilamente os objetos da mente nos objetos da mente, perseverando, totalmente desperto, compreendendo com clareza o seu estado, indo além de todo apego e aversão por esta vida. Estes exercícios de respirar com plena consciência pertencem ao quarto sustentáculo da atenção plena: **os objetos da mente.**

Se a prática da *Consciência Plena da Respiração* for desenvolvida e praticada continuamente, levará à realização perfeita dos Quatro Sustentáculos da Atenção Plena.

IV

Além disso, se os Quatro Sustentáculos da Atenção Plena forem desenvolvidos e praticados continuamente, levarão à consecução perfeita dos Sete Fatores do Despertar. Como isso acontece?

Quando a praticante consegue manter, sem distração, a prática de observar o corpo no corpo, os sentimentos nos sentimentos, a mente na mente, os objetos da mente nos objetos da mente, com perseverança, totalmente desperto, compreendendo com clareza o seu estado, indo além de todo apego e de toda aversão por esta vida, com uma estabilidade meditativa inabalável, constante e impassível, ela obterá *o primeiro* Fator do Despertar, denominado de **atenção plena**. Quando este fator for desenvolvido chegará à perfeição.

Quando o praticante consegue permanecer em estabilidade meditativa sem distração, e consegue investigar todo darma, todo objeto da mente que surge, então brotará e se desenvolverá nele *o segundo* Fator do Despertar: o fator da **investigação dos darmas**. Quando este fator for desenvolvido, chegará à perfeição.

Quando a praticante consegue observar e investigar todo darma de forma contínua, perseverante e imperturbável, sem distrações, brotará e se desenvolverá nela *o terceiro* Fator do Despertar: o fator da **energia**. Quando este fator for desenvolvido, chegará à perfeição.

Quando o praticante tiver alcançado, no curso da prática, uma permanência imperturbável no decurso da prática, brotará e se desenvolverá nele *o quarto* Fator do Despertar: o fator da **alegria**. Quando este fator for desenvolvido, chegará à perfeição.

Quando a praticante consegue permanecer tranquilamente em estado de alegria, ela sentirá o seu corpo e mente leves e em paz. Neste ponto, brotará e se desenvolverá nela *o quinto* Fator do Despertar: o fator do **bem-estar**. Quando este fator for desenvolvido, chegará à perfeição.

Quando o seu corpo e a mente estão à vontade, a praticante consegue entrar facilmente em estado de concentração. Neste ponto, brotará e se desenvolverá nela *o sexto* Fator do Despertar: o fator da **concentração**. Quando este fator for desenvolvido, chegará à perfeição.

Quando a praticante permanece concentrada numa calma profunda, ela deixará de discriminar e de comparar. Neste ponto, é liberado, nascido e desenvolvido nela *o sétimo* Fator do Despertar: o fator da **equanimidade**. Quando este fator for desenvolvido, chegará à perfeição.

É assim que os *Quatro Sustentáculos da Atenção Plena*, se desenvolvidos e praticados continuamente, levarão a um perfeito estado de consecução dos *Sete Fatores do Despertar*.

V

Como os Sete Fatores do Despertar, se desenvolvidos e praticados continuamente, levarão à realização perfeita da verdadeira compreensão e total libertação?

Se o praticante segue o caminho dos Sete Fatores do Despertar, e vive tranquilamente recluso, observando e contemplando o desaparecimento do desejo, ele desenvolverá a capacidade de deixar ir. Este será o resultado de ter seguido o caminho dos Sete Fatores do Despertar, e levará à realização perfeita da verdadeira compreensão e total libertação."

VI

Foi isso que o Senhor, o Desperto, disse; e todos os presentes sentiram gratidão e deleite por terem ouvido seus ensinamentos.

Contemplação do pensamento

Extraído do Siksāsamuccaya
*Traduzido do sânscrito para o inglês
por Edward Conze*

Ele procura o seu pensamento em toda parte. Mas que pensamento? É o pensamento apaixonado, o odioso, ou o confuso?

O que dizer do passado, do futuro ou do presente? O que é o passado, que está extinto, e o que é o futuro que ainda não chegou, e o presente que não tem estabilidade?

Pois o pensamento, Kasyapa, não pode ser apreendido, nem dentro, nem fora, nem entre ambos. Porque o pensamento é imaterial, é invisível e não oferece resistência; é inconcebível, sem provas e sem lar. O pensamento nunca foi visto por nenhum dos Budas, nem eles o vê, nem eles o verão. E como poderia o que os Budas nunca veem ser um processo observável – exceto no sentido de que os darmas procedem do caminho da percepção equivocada?

O pensamento é como uma ilusão mágica; através da imaginação do que de fato é irreal, sustenta uma variedade múltipla de renascimentos. Um pensamento é como o curso de um rio, sem qualquer poder de permanência; logo que ele é produzido, se dispersa e desaparece. Um pensamento é como a chama de uma lamparina, e procede de causas e condições. Um pensamento é como um raio, que irrompe num instante e não permanece...

Procurando o pensamento em toda parte, ele não o encontra nem dentro nem fora. Ele não o acha nos skandhas, nem nos elementos ou nos campos dos sentidos. Incapaz de ver o pensamento, tenta encontrar o curso do pensamento e se pergunta: de onde se origina o pensamento? E ocorre a ele que "onde há um objeto, ali surge um pensamento".

Então o pensamento é uma coisa e o objeto outra coisa? Não, o que é objeto, só isso é pensamento. Se o objeto fosse uma coisa e o pensamento outra, então haveria pensamento em estado duplo. Por isso, o próprio objeto é somente pensamento.

Então pode o pensamento inspecionar o pensamento? Não, o pensamento não pode inspecionar o pensamento. Tal como a lâmina de uma espada não pode cortar a si mesma, um pensamento não pode compreender a si mesmo.

Além disso, vexado e pressionado por todos os lados, o pensamento prossegue, sem qualquer poder de permanência, como um macaco ou como o vento. Ele vai longe, incorpóreo, mudando com facilidade, agitado pelos objetos do sentido, tendo os seis campos sensoriais como esfera sua, conectado a uma coisa após a outra.

Por outro lado, a estabilidade do pensamento, uni-focado, imóvel, não distraído; da sua calma uni-direcionada, sem transtorno é chamada de atenção plena do pensamento.

Não permanecer no ilimitado
Do Sutra Vimalakirtinirdesa

Traduzido do chinês por Thich Nhat Hanh

O que significa "Não permanecer no ilimitado"?

O bodisatva contempla a realidade da vacuidade, mas não toma a vacuidade como um objeto a ser alcançado.

O bodisatva pratica a realidade da **não manifestação** e a realidade da **não busca**, mas não toma a não manifestação ou a não busca como objetos a serem alcançados.

Ele contempla a realidade da **não criação**, mas não toma a não criação como um objeto a ser alcançado.

Ele medita na verdade da **impermanência**, mas não abandona o seu trabalho de servir e de salvar.

Ele medita no **sofrimento**, mas não rejeita o mundo dos nascimentos e mortes.

Ele medita na **exterminação**, mas não se envolve com a exterminação.

Ele medita na **neutralidade**, mas continua realizando coisas boas no mundo.

Ele medita na **natureza desabrigada** dos darmas, mas continua a se orientar em direção ao Bem.

Ele medita na realidade que **não é criada nem destruída**, mas continua a assumir a responsabilidade no mundo das criações e destruições.

Ele medita na **realidade suprema**, mas continua a habitar no mundo das origens interdependentes.

Ele medita na **inação**, mas sempre dá continuidade às suas ações de servir e educar.

Ele medita na **vacuidade**, mas não abandona a grande compaixão.

Ele medita no **ponto de vista do verdadeiro Darma**, mas não segue o caminho com rigidez.

Ele medita na natureza **irreal**, **impermanente**, **não manifesta**, **desapossada** e **sem-fronteiras** dos darmas, mas não abandona sua carreira concernente aos méritos, concentração e sabedoria.

Praticando desse modo, o bodisatva é descrito como "não permanecendo no incondicionado".

Ele tem sabedoria, mas não finaliza sua ação no reino condicionado; tem compaixão, mas não permanece no incondicionado; quer realizar o seu grande voto, mas não abandonará o mundo condicionado.

A perfeição da sabedoria
Sutra do Prajñaparamita[7]

O Bodisatva Avalokita, enquanto mergulhava nas profundezas da perfeita compreensão, iluminou os cinco skandhas e os viu igualmente vazios. Após esta penetração, superou o mal-estar.

"Escute, Shariputra, forma é vacuidade, vacuidade é forma. A forma não é outra coisa senão a vacuidade, a vacuidade não é outra coisa senão a forma. E assim também são os sentimentos, as percepções, as formações mentais e a consciência.

Escute, Shariputra, todos os darmas têm a marca da vacuidade; eles não são produzidos nem destruídos, não são maculados nem imaculados, não aumentam nem diminuem. Na vacuidade, portanto, não existe forma, nem sentimentos, nem percepções, nem formações mentais, nem consciência; nenhum olho, ou ouvido, ou nariz, ou língua, ou corpo, ou mente; nem forma, nem som, nem

---

7. Tradução do chinês para o inglês por Thich Nhat Hanh, e do inglês para o português por Maria Goretti Rocha de Oliveira.

odor, nem sabor, nem tato, nenhum objeto da mente; nenhum reino dos elementos – desde os olhos à consciência mental; nenhuma das origens-interdependentes e nem extinção delas – desde a ignorância à morte e decomposição; nem mal-estar, nem origem do mal-estar, nem fim do mal-estar e nem caminho, nenhuma compreensão e nenhuma realização.

E por não ter o que atingir, os bodisatvas, fundamentados na perfeita compreensão, estão livres de obstáculos mentais, e sem obstáculos eles superam o medo, libertando-se para sempre de todas as ilusões, realizam o nirvana perfeito. Todos os Budas do passado, presente e futuro, graças a esta perfeita compreensão, atingem a iluminação universal, correta e plena.

Devemos saber, portanto, que a compreensão perfeita é o maior dos mantras, é o mantra inigualável, destruidor do mal-estar, verdade incorruptível.

Um mantra do Prajñaparamita deve, portanto, ser proclamado:

Gate gate paragate parasamgate bodhi svaha"

[Ido, ido para a outra margem, completamente ido à outra margem. Oh! Despertar! Todos aclamam!]

A sabedoria que nos leva à outra margem
Sutra do Prajñaparamita

Nova tradução por Thich Nhat Hanh[8]

Quando Avalokiteshvara praticava profundamente a Sabedoria que nos Conduz à Outra Margem, ele descobriu subitamente que todos os cinco Skandhas são igualmente vazios.

E, com essa compreensão, ele superou todo mal-estar.

"Escute Sariputra, este Corpo em si é Vacuidade e a Vacuidade em si é este Corpo.

Este Corpo não é outra coisa senão Vacuidade e a Vacuidade não é outra coisa senão este Corpo.

O mesmo acontece com relação aos Sentimentos, às Percepções, às Formações Mentais e Consciência.

---

8. Essa nova tradução encontra-se no site de Plum Village [https://plumvilla-ge.org/news/thich-nhat-hanh-new-heart-sutra-translation/], juntamente com uma carta do Mestre Thich Nhat Hanh explicando os motivos que o levaram a fazer uma nova tradução do Sutra Prajañaparamita, considerado um dos principais da tradição do budismo Mahayana. Cf. tb. *The Other Shore:* A New Translation of the Heart Sutra with Commentaries. Parallax Press, 2017 [N.T.].

Escute Sariputra, todos os fenômenos têm a marca da Vacuidade;

Suas verdadeiras naturezas é sem Nascimento e sem Morte,

Sem Existência e sem Inexistência,

Sem Mácula e sem Pureza,

Sem Aumento e sem Diminuição.

Por isso, na Vacuidade, Corpo, Sentimentos, Percepções, Formações Mentais e Consciência

Não são entidades autônomas independentes.

Os Dezoito Reinos dos Fenômenos, que são os seis Órgãos Sensoriais, os seis Objetos dos Sentidos, e as seis Consciências também não são entidades autônomas independentes.

Os Doze Elos de Surgimento Interdependente e a Extinção deles também não são entidades autônomas independentes.

O mal-estar, as Causas do mal-estar, o Fim do mal--estar, o Caminho, a Sabedoria e a conquista, também não são entidades autônomas independentes.

Qualquer pessoa que consiga compreender isto,

Deixa de ter necessidade de alcançar algo.

Bodisatvas, que praticam a Sabedoria que nos Conduz à Outra Margem, deixam de ver obstáculos em suas mentes, e como não há obstáculos em suas mentes, eles conseguem superar todo o medo, destruir todas as percepções equivocadas, e realizam o Nirvana perfeito.

Todos os Budas no passado, presente e futuro, por praticarem a Sabedoria que nos Conduz à Outra Margem, são capazes de alcançar a Iluminação Autêntica e Perfeita.

Portanto, Sariputra, devemos saber que a Sabedoria que nos Conduz à Outra Margem...

...é um Mantra Extraordinário, é o mais iluminador dos mantras, é o mais elevado dos mantras,

...é um mantra incomparável, é a Verdadeira Sabedoria que tem o poder de extinguir todos os tipos de sofrimento.

Portanto, vamos proclamá-lo para louvar

A Sabedoria que Nos Conduz à Outra Margem:

Gate, Gate, Paragate, Parasamgate, Bodhi Svaha!

Gate, Gate, Paragate, Parasamgate, Bodhi Svaha!

Gate, Gate, Paragate, Parasamgate, Bodhi Svaha!"

Cronologia da vida de
Thich Nhat Hanh

1926

Thich Nhat Hanh nasceu.

1942

Thich Nhat Hanh entra no Mosteiro do Templo de Tu Hieu próximo a Hue, no Vietnã Central, e é ordenado um noviço.

1949

Thich Nhat Hanh recebe ordenação máxima de um monge budista.

1954

Depois de um século de domínio colonial francês e anos de guerra entre os franceses e as forças comunistas de Ho Chi Minh, os acordos de paz de Genebra são assinados, dividindo temporariamente o Vietnã, com a fronteira delimitada ao norte de Hue. As tensões continuam aumentando entre o norte e o sul.

1955

Thich Nhat Hanh funda o Centro de Meditação Phuong Boi [Folhas de palmeira perfumadas] nas montanhas ao sul do Vietnã.

1960

Thich Nhat Hanh funda a União Estudantil Budista no Vietnã do Sul.

1961

Thich Nhat Hanh estuda e ensina nas universidades de Princeton e Colúmbia.

1963

Monges budistas do Vietnã do Sul se sacrificam como uma mensagem para impedir a violência, que inclui ataques do governo vietnamita do sul contra templos budistas.

Thich Nhat Hanh retorna ao Vietnã.

1964

Thich Nhat Hanh funda a Universidade Van Hanh no Vietnã do Sul e funda La Boi Press, com Thich Thanh Tue e Thich Tu Man.

Thich Nhat Hanh funda o projeto para alimentar crianças famintas.

1965

O presidente dos Estados Unidos Lyndon B. Johnson envia as primeiras tropas de combate ao Vietnã.

Thich Nhat Hanh escreve uma carta ao Dr. Martin Luther King Jr. solicitando reiteradamente que ele se oponha publicamente à Guerra do Vietnã, e o eventualmente Dr. King fez isso.

Thich Nhat Hanh funda a Escola da Juventude para o Serviço Social, uma organização de assistência às zonas rurais que passa a treinar 10.000 jovens voluntários assistentes sociais nos princípios budistas da não violência e ação compassiva.

1966

A Escola da Juventude para o Serviço Social continua seu trabalho, apesar dos assédios e assassinato de muitos dos seus membros.

Thich Nhat Hanh funda Ordem do Interbeing [Interser].

Thich Nhat Hanh publica *Lotus in a Sea of Fire: A Buddhist proposal for Peace* [Um lótus no mar de fogo: uma proposta budista para a paz], com um prefácio do monge e escritor católico trapista Thomas Merton.

Thich Nhat Hanh viaja pelos Estados Unidos com Alfred Hassler, o líder da Sociedade de Reconciliação, com o intuito de elevar a conscientização do impacto da guerra sobre o povo vietnamita, e se encontra com líderes influentes, como o Secretário de Defesa Robet McNamara e o Dr. Martin Luther King Jr.

Thich Nhat Hanh realiza uma conferência para a imprensa em Washington DC, e lança uma proposta de paz, com cinco pontos, para o governo dos Estados Unidos. No mesmo dia, ele é declarado um traidor pelo regime do Vietnã do Sul.

Thich Nhat Hanh é recebido pela Sua Santidade o Papa Paulo VI, em Roma.

A Escola da Juventude para o Serviço Social é denunciada pelo decano da Van Hanh University.

1967

Thich Nhat Hanh é nomeado para o Prêmio Nobel da Paz pelo Dr. Martin Luther King Jr., que escreve em sua carta de nomeação: "Eu não conheço pessoalmente ninguém mais digno do Prêmio Nobel do que este gentil monge budista do Vietnã".

Thich Nhat Hanh é exilado do Vietnã e fixa residência na França.

Nhat Chi Mai, um dos seis primeiros membros da Ordem do Interbeing, se imola pela paz.

1968

Nos Estados Unidos, por toda parte, centenas de milhares de pessoas protestam contra a intervenção do governo americano no Vietnã.

No final de janeiro, o Vietnã do Norte e a Frente de Libertação Nacional lançaram ataques coordenados, conhecidos como os Ataques de Tet, contra as principais cidades vietnamitas do sul.

1969

Irmã Chan Khong, outra dos seis membros da Ordem do Interser, se une a Thich Nhat Hanh na França para ajudar na Delegação da Paz Budista; ela fica estigmatizada como sendo inimiga do regime no Vietnã do Sul e é exilada.

1970

Thich Nhat Hanh, Alfred Hassler entre outros do mundo inteiro iniciam o projeto Dai Dong [Grande União] com a visão de proteger o planeta.

1973

Os Acordos de Paz de Paris são assinados, terminando as hostilidades abertas entre os Estados Unidos e o Vietnã do Norte. Thich Nhat Hanh é proibido de retornar ao Vietnã.

1975

As forças comunistas capturam Saigon, terminando a guerra.

Thich Nhat Hanh funda o Eremitério Batata Doce fora de Paris.

1976-1977

Thich Nhat Hanh realiza uma operação para resgatar pessoas dos barcos no Golfo do Sião, mas a hostilidade dos governos da Tailândia e de Singapura impossibilita a continuidade. Nos cinco anos seguintes, ele permanece em retiro no Eremitério Batata Doce – meditando, lendo, escrevendo, encadernando livros e jardinando.

1982

Thich Nhat Hanh funda o Centro de Prática Meditativa de Plum Village no sudoeste da França.

1985

Thich Nhat Hanh e Arnie Kotler funda Parallax Press.

1988

Thich Nhat Hanh ordena os seus três primeiros discípulos monásticos, entre eles a Irmã Chan Khong.

1991

Thich Nhat Hanh recebe o Prêmio *Courage of Conscience Award* [Coragem da Consciência] de Peace Abbey [a Abadia da Paz]

1993

Thich Nhat Hanh encontra-se com Sua Santidade o Dalai Lama, em Chicago, no Parlamento das Religiões do Mundo. Encontro este que culmina na obra *Towards a Global Ethic: An Initial Declaration* [Por uma ética global: uma declaração inicial], esboçada pelo Padre Hans Kung e identificando os preceitos éticos compartilhados pelas tradições religiosas do mundo.

1996

Em sua segunda visita à Índia, Thich Nhat Hanh se encontra com K.R. Narayanan [então vice-presidente, prestes a se tornar o presidente da Índia], e como resultado deste encontro o parlamento indiano instituiu um comitê de ética.

1997

Thich Nhat Hanh funda o Centro de Darma da Montanha Verde [Green Mountain Dharma Center] e o Mosteiro da Floresta das Aceráceas [Maple Forest Monastery] em Vermont, Estados Unidos.

Thich Nhat Hanh conduz eventos sobre as práticas da atenção plena em Israel.

1998

Thich Nhat Hanh colabora com os laureados do Prêmio Nobel da Paz no sentido de apelar às Nações Unidas, em nome dos filhos do mundo, para que seja declarado 2000-2010 a Década por uma Cultura de Paz e Não violência.

2000

Thich Nhat Hanh recorre à Conferência da Cúpula Mundial da Casa Branca sobre HIV/Aids.

Thich Nhat Hanh funda o Mosteiro Parque dos Cervídeos [Deer Park Monastery] na Califórnia.

2001

Thich Nhat Hanh jejua pela paz, em memória daqueles que morreram nos ataques do 11 de setembro.

Thich Nhat Hanh fala na Igreja Riverside na cidade de Nova York, exortando todos a contemplarem profundamente, antes de reagirem aos eventos do 11 de setembro, e a buscarem uma solução pacífica.

Thich Nhat Hanh recebe um título honorário de Doutor da Long Island University em Nova York.

Thich Nhat Hanh recebe o primeiro Prêmio Mente/Corpo/Espírito do Instituto de Medicina Corpo/Mente, no Centro Médico Beth Israel Diaconisa e na Escola de Medicina de Harvard em Massachusetts.

2003

Thich Nhat Hanh discursa para líderes políticos na Biblioteca do Congresso dos Estados Unidos e em um retiro para os membros do Congresso em Washington, DC.

Thich Nhat Hanh recebe o título de Doutor honorário pela Loyola University, Chicago.

Thich Nhat Hanh apresenta o código monástico budista de Plum Village revisado, o primeiro entre muito poucos no mundo, durante sua visita à Coreia.

O arquivo de livros internacionais de Thich Nhat Hanh é fundado em Plum Village, na França, reunindo milhares de títulos de livros de Thich Nhat Hanh em muitas línguas.

2005

Thich Nhat Hanh retorna ao Vietnã pela primeira vez em quase 40 anos para visitar templos budistas, ensinar e publicar alguns de seus livros em vietnamita.

No Vietnã, ele restabelece dois templos: o Templo Tu Hieu e o Mosteiro Bat Nha.

2006

Thich Nhat Hanh recorre à Unesco, em Paris, para exigir medidas específicas que revertam o ciclo de violência, guerra e aquecimento global.

Thich Nhat Hanh é listado como um dos 60 heróis da Ásia, juntamente com Mahatma Gandhi, Dalai Lama e Aung San Suu Kyi, na edição asiática da revista *Time*.

2007

Thich Nhat Hanh conduz três Cerimônias de Grande Réquiem, uma em cada uma das três principais cidades do Vietnã, por todos os que morreram durante a Guerra do Vietnã ou em consequência da mesma, e pela reconciliação entre vietnamitas ao redor do mundo.

Thich Nhat Hanh funda o Blue Cliff Monastery em Nova York.

As comunidades internacionais de prática de Thich Nhat Hanh e Plum Village passam do lacto-ovo-vegeterianismo para o veganismo, por razões ambientais e outras.

Thich Nhat Hanh recebe o Prêmio de Construtor de Pontes da Família Doshi [*Doshi Family Bridge-builder Award*] da Universidade Loyola Marymount, na Califórnia

2008

Thich Nhat Hanh inicia o Movimento Wake Up, um movimento internacional para jovens se reunirem para praticar a atenção plena e desenvolver comunidades para uma sociedade saudável e compassiva.

Thich Nhat Hanh cria o Instituto Europeu de Budismo Aplicado [*European Institute of Applied Buddhism* (Eiab)] na Alemanha.

Thich Nhat Hanh entrega e dirige ao Parlamento da Índia, "Liderando com coragem e compaixão", na presença de muitos líderes políticos e dignitários, incluindo Sonia Gandhi e Tara Bhattacharya – a neta de Mahatma Gandhi.

Thich Nhat Hanh recebe um doutorado honorário da Universidade Nalanda na Índia.

Thich Nhat Hanh é o principal orador da Celebração do Vesak da Unesco em Hanoi, Vietnã.

2009

Representantes do governo vietnamita expulsam brutalmente todos os monges e monjas do Mosteiro Bat Nha de Thich Nhat Hanh.

Thich Nhat Hanh recorre ao Parlamento Mundial das Religiões em Melbourne, Austrália, via link de vídeo.

Thich Nhat Hanh estabelece o Mosteiro Magnolia Grove, no Mississippi.

2010

A primeira exposição de caligrafia de Thich Nhat Hanh, *Meditação caligráfica: A arte consciente de Thich Nhat Hanh*, é exposta no Museu da Universidade e na Galeria de Arte da Universidade de Hong Kong.

Thich Nhat Hanh lança o Programa de Ética Aplicada, e treina professores para ensinar a atenção plena em escolas do mundo inteiro.

Thich Nhat Hanh recebe um doutorado honorário da Universidade de Massachusetts, Boston.

2011

Thich Nhat Hanh discursa para líderes políticos em Washington DC, sobre "Liderar com clareza, compaixão e coragem".

Ele dá ensinamentos sobre a prática do consumo consciente na sede da Google na Califórnia.

A cidade de Oakland na Califórnia ergueu, no centro da cidade, uma enorme escultura de bronze de Thich Nhat Hanh como sendo um dos 25 Campeões da Humanidade apresentados no monumento *Remember Them* [Lembre-se deles].

Thich Nhat Hanh cria o Instituto Asiático de Budismo Aplicado em Hong Kong.

As caligrafias de Thich Nhat Hanh são exibidas junto aos trabalhos caligráficos chineses do Mestre Shen Yen no Centro Mundial da Montanha do Tambor do Darma para Educação Budista na cidade Nova Taipei.

As caligrafias de Thich Nhat Hanh são exibidas no Auditório do Centro Asiático, Universidade British Columbia, Vancouver, Canadá.

2012

Thich Nhat Hanh interpela o Parlamento do Reino Unido e a Assembleia do Norte da Irlanda.

Thich Nhat Hanh e os monges e monjas de Plum Village facilitam a meditação sentada "Sente-se em paz" para uma multidão relâmpago de 4.000 pessoas em Trafalgar Square, Londres.

A meditação caligráfica: a arte consciente de Thich Nhat Hanh é exibida no Templo Son Ha, Plum Village, França, como parte das celebrações dos 30 anos do Plum Village

2013

Thich Nhat Hanh funda o mosteiro Plum Village Tailandês em Khao Yai, Tailândia.

As caligrafias de Thich Nhat Hanh são exibidas no Centro de Arte e Cultura de Bangkok, na Tailândia.

A exposição *Meditação caligráfica: A arte consciente de Thich Nhat Hanh* faz sua estreia nos Estados Unidos, em ABC Home, cidade de Nova York.

Conecte-se conosco:

 facebook.com/editoravozes

 @editoravozes

 @editora_vozes

 youtube.com/editoravozes

 +55 24 2233-9033

www.vozes.com.br

Conheça nossas lojas:

www.livrariavozes.com.br

Belo Horizonte – Brasília – Campinas – Cuiabá – Curitiba
Fortaleza – Juiz de Fora – Petrópolis – Recife – São Paulo

  Vozes de Bolso

EDITORA VOZES LTDA.
Rua Frei Luís, 100 – Centro – Cep 25689-900 – Petrópolis, RJ
Tel.: (24) 2233-9000 – E-mail: vendas@vozes.com.br